LA MOTIVATION DES ENFANTS

Le rôle des parents

Comment assurer le succès de tous, mettre fin au décrochage, s'adapter à la diversité culturelle, consolider la jonction avec le marché du travail, renouveler la formation des maîtres... Voilà autant de sujets de préoccupation pour ceux et celles qui s'intéressent au présent et à l'avenir de l'école.

Miroir du monde de l'enseignement actuel, la collection **L'École en mouvement** entend également contribuer à son évolution, à tous les paliers et sur tous les plans. Tout ce qui touche l'école concerne la collection, qui porte toutefois un intérêt particulier à la classe, le cœur de l'école, de l'enseignement et de l'apprentissage.

Cette collection s'adresse à tous ceux et celles que l'école occupe ou préoccupe : les enseignants et futurs enseignants, les conseillers pédagogiques, les administrateurs, les parents, et toutes les personnes qui se sentent concernées par les questions scolaires et qui sont conscientes des avantages d'une école qui sait progresser, d'une école en mouvement.

Christian Laville
Directeur de la collection

Faculté des Sciences de l'éducation
Université Laval

Paul Darveau · Rolland Viau

LA MOTIVATION DES ENFANTS

Le rôle des parents

l'école en mouvement

ERPI

5757, RUE CYPIHOT, SAINT-LAURENT (QUÉBEC) H4S 1R3
TÉLÉPHONE : (514) 334-2690 TÉLÉCOPIEUR : (514) 334-4720
ADRESSE ÉLECTRONIQUE : erpidlm@odysse.net

Supervision éditoriale:
Jacqueline Leroux

Chargée de projet:
Marthe Therrien

Édition électronique:
Infographie DN

Illustrations:
Philippe Germain

Conception graphique et couverture:

E·R·P·I

Photographie de la couverture:
Denis Gendron (photographie de l'enfant: David Allan Brandt/
Tony Stone Images)

Dépôt légal: 3ᵉ trimestre 1997
Bibliothèque nationale du Québec
Bibliothèque nationale du Canada
Imprimé au Canada

ISBN 2-7613-0979-0

234567890 EM 098765432
20065 ABCD   OF2-12

Avant-propos

Lorsque nous avons entrepris la rédaction de cet ouvrage, nous savions que la tâche n'allait pas être facile. En effet, écrire pour les parents, c'est s'adresser à un public dont les préoccupations, les besoins et les intérêts sont très diversifiés. Certes, nous savions que le thème de la motivation en milieu scolaire intéresse la majorité des parents. Mais comment pouvions-nous les aider à intervenir auprès de leur enfant et les convaincre que la démotivation est un problème complexe qui ne se règle pas du jour au lendemain? Comment rendre compte des recherches sur la motivation et les utiliser sans tomber dans le piège consistant à vouloir tout expliquer et ce, dans un vocabulaire spécialisé? Ces questions, nous nous les sommes posées dès le début et elles sont vite devenues les critères à partir desquels nous critiquions les premières versions de cet ouvrage.

Pour mener à bien ce travail, nous avons reçu l'aide de diverses personnes, et tout d'abord de notre éditeur, Jean-Pierre Albert, qui a assisté à la majorité de nos réunions de rédaction. Les questions de ce dernier, ses commentaires et son ouverture d'esprit nous ont permis notamment de mieux structurer les parties de l'ouvrage et de déterminer les contenus des différents chapitres. La contribution de nombreux parents nous a également été très profitable. Nous avons pu améliorer le texte grâce aux précieux commentaires, sur la première version, que nous ont communiqués Francine Carrier, Louise Cloutier, Lucie Dumas, Dominique Francœur, Julie Geoffrion, Claire Hamel, Maryse Marrec, Sylvie Marquis-Hamel, Lise Houle, Christiane Laville, Sylvie Lemelin, Jacqueline Leroux, Claude Meunier, Marie-France Taillon, Diane Villeneuve et, tout particulièrement, Diane Ducharme. Enfin, les commentaires et, surtout, l'encouragement et la patience de nos conjointes, Sylvie Cartier et Ghislaine Larocque, nous auront aidés à persévérer dans notre projet et à le mener à bien. Nous remercions toutes ces personnes de leur collaboration et nous espérons qu'elles retrouveront dans cet ouvrage des idées qui leur sont chères.

En ces temps où tous sont contraints de travailler rapidement et de réagir plutôt que de réfléchir, lire un ouvrage de référence sur la motivation des enfants à l'école est un geste que l'on ne peut passer sous silence. Nous remercions donc le lecteur d'avoir décidé de mieux se documenter sur la motivation qui anime ou devrait animer les enfants et les jeunes d'aujourd'hui. Il ne nous reste plus qu'à espérer que notre ouvrage saura alimenter la motivation du lecteur.

Paul Darveau
Rolland Viau

Table des matières

partie 1
COMPRENDRE LA MOTIVATION DE SON ENFANT

5

Chapitre 1

partie 2
AIDER SON ENFANT À SE MOTIVER À L'ÉCOLE

Introduction

«MON ENFANT NE VEUT PLUS ENTENDRE PARLER DE L'ÉCOLE.
PLUS RIEN NE L'INTÉRESSE, EXCEPTÉ SA MUSIQUE.
ÇA ME DÉPASSE, JE NE SAIS VRAIMENT PLUS QUOI FAIRE.»

Cette remarque, nous l'avons tous entendue et peut-être for-
mulée nous-mêmes un jour ou l'autre. Nombre de parents
se laissent aller au découragement lorsqu'ils constatent la
démotivation de leur enfant[1], et ils n'hésitent pas à invoquer le bon
vieux temps où ils étaient, eux, motivés à l'école.

Était-ce vraiment le cas? Rappelons-nous nos longues heures
passées sur les bancs d'école. Étions-nous toujours attentifs aux explications du professeur? portés à faire les exercices demandés? désireux
de faire nos devoirs et d'apprendre nos leçons? La démotivation de
certains enfants n'est pas un phénomène récent. Elle a toujours existé
et continuera probablement d'exister. Il ne faut pas oublier que l'école
est un lieu exigeant pour l'enfant: on s'attend à ce qu'il travaille,
fasse preuve de persévérance et étudie des matières qui n'ont pas

---

[1] Dans ce document, le terme «enfant» désigne l'ensemble des filles et des garçons du primaire ou du secondaire. Le terme «jeune» est utilisé lorsque les propos s'appliquent aux seuls
adolescents et adolescentes. Par ailleurs, l'expression «un parent» englobe chacun des deux
parents ainsi que toute autre personne assumant des responsabilités auprès de l'enfant. Elle
se veut un constat des changements qui se sont produits au sein de la famille depuis les dernières
décennies, et des notions extrêmement diversifiées de la famille qui en résultent: famille
traditionnelle, famille monoparentale, familles reconstituées par les deux conjoints, famille
d'adoption, etc.

nécessairement d'utilité immédiate pour lui. Il est donc normal que certains enfants éprouvent parfois des problèmes de motivation au cours de leur vie scolaire.

On doit cependant admettre que la perte de motivation prend aujourd'hui des proportions alarmantes. Un nombre croissant de jeunes n'ont aucun désir d'apprendre et de réussir à l'école. Pour eux, l'école est une prison dont ils rêvent d'être un jour libérés, après avoir «fait leur temps». Le décrochage scolaire, l'absentéisme chronique et la délinquance sont des indices de l'ennui que les jeunes ressentent à l'école et de l'absence de satisfaction qu'ils en retirent.

Le problème s'envenime quand les parents abdiquent leurs responsabilités et se disent dépassés par les événements. Impuissants à faire valoir avec vigueur leur autorité parentale, les parents ne savent plus comment amener leur enfant à aimer l'école, ou tout au moins à vouloir y réussir. Lorsqu'ils prennent conscience de leur incapacité d'intervenir, des parents se tournent vers les enseignants, auxquels ils confient la charge de motiver leur enfant. Le problème des parents devient donc celui des enseignants.

Or, demander aux seuls enseignants de faire naître la motivation chez les élèves ne fait qu'aggraver le problème, car la motivation est une responsabilité qui incombe à la fois aux enseignants, aux parents et aux enfants eux-mêmes. Mais comment les parents peuvent-ils assumer leur part de responsabilité? Comment peuvent-ils aider leur enfant à s'intéresser aux matières scolaires et à retirer le maximum de ce qu'offre l'école?

Cet ouvrage est destiné à toutes les personnes qui cherchent une réponse à ces questions. Il poursuit un double but: aider les parents à mieux comprendre le phénomène de la démotivation et à cibler leurs interventions, de façon à accroître la motivation de leur enfant à l'école, ou du moins à la maintenir.

Il ne s'agit pas d'un guide pratique que l'on parcourt rapidement pour découvrir «la solution» au problème précis que vit son enfant. La démotivation n'est pas un rhume que l'on guérit rapidement en se procurant un médicament à la pharmacie. C'est un phénomène complexe qu'il convient d'abord de cerner, puis de résoudre en fonction de la personnalité de son enfant et des contextes familial et scolaire dans lesquels il évolue.

Cet ouvrage se divise en deux parties. La première partie explique ce qu'est la motivation en milieu scolaire. Les informations sont regroupées sous trois chapitres et on tentera d'établir pourquoi certains enfants sont désireux d'apprendre et pourquoi d'autres ne le sont pas. Cette première partie se termine par la présentation d'indices qui aideront les parents à déterminer si leur enfant est motivé à l'école.

Nous ne saurions trop souligner à quel point il est important, avant d'intervenir auprès de l'enfant, de prendre le temps de saisir ce qu'est la motivation. Accepterions-nous qu'un neurologue ne possédant aucune connaissance sur l'anatomie du cerveau traite des patients? Sûrement pas! Or, la même ligne de conduite doit s'appliquer en matière de motivation : avant d'intervenir, il importe de connaître ce sur quoi l'on veut intervenir.

La seconde partie propose une série d'idées, de moyens et de stratégies susceptibles d'aider l'enfant à accroître sa motivation à l'école. Chacun des trois chapitres qui la constituent suggère des moyens d'intervention reliés à l'une des sources de la motivation examinées dans la première partie. C'est ainsi qu'on y donne des idées et des suggestions, d'une part, pour aider l'enfant à valoriser les apprentissages qu'il fait à l'école, et donc l'amener à croire en sa capacité de réussir, et, d'autre part, pour l'aider à prendre conscience qu'il exerce un certain contrôle sur ses apprentissages.

Comme nous l'avons souligné précédemment, ces recommandations ne doivent pas être vues comme des recettes miracles qu'il suffit d'appliquer pour insuffler à l'enfant le désir de fréquenter l'école. Il revient à chacun de faire un choix parmi ces suggestions et de les modifier au besoin, compte tenu de la nature du problème vécu par l'enfant. En fait, cette partie doit être vue comme une «boîte à idées» dans laquelle les parents puiseront, quittes à faire le tri parmi ces idées afin de retenir celles qui leur conviennent le mieux et à les adapter par la suite.

Nous espérons que cet ouvrage donnera aux parents la motivation nécessaire pour agir sur celle de leur enfant. Mais, quelle que soit la qualité des informations qu'on y trouve, les interventions des parents n'auront de succès qu'à deux conditions : que les parents s'arment de patience et qu'ils acceptent de changer eux-mêmes.

On recommande aux parents de s'armer de patience. En effet, ils ne peuvent s'attendre à ce que les efforts qu'ils déploient pour motiver leur enfant portent fruit instantanément. On verra dans la première partie que la motivation d'une personne fait directement référence aux perceptions qu'elle a d'elle-même. Or, modifier les perceptions que l'on a de soi prend du temps. Les parents doivent donc comprendre que leurs actions n'auront vraisemblablement d'effet qu'à moyen et à long terme.

Il est nécessaire par ailleurs que les parents acceptent de changer eux-mêmes. La deuxième partie montrera que les valeurs entretenues par les parents à l'égard de l'école et les jugements qu'ils portent sur les enseignants et sur les matières scolaires sont souvent les principaux facteurs qui influent sur la motivation des enfants. Si ces valeurs et ces jugements sont négatifs, il y a plus de chances qu'ils entraînent une démotivation qu'une motivation. Par conséquent, s'ils désirent accroître la motivation de leur enfant, les parents devront accepter de prendre du recul par rapport aux jugements qu'ils posent sur l'école, les enseignants et les apprentissages qui s'y font. S'ils constatent que leurs perceptions ne sont pas des plus positives, ils devront accepter de changer. En effet, comment pourraient-ils demander à leur enfant de croire en l'école s'ils doutent eux-mêmes de sa valeur ?

partie 1

COMPRENDRE LA MOTIVATION DE SON ENFANT

Cette première partie a pour but d'aider les parents à améliorer leurs connaissances sur la motivation en milieu scolaire. Elle s'emploie à répondre à trois grandes questions faisant chacune l'objet d'un chapitre.

> ▸ Pourquoi certains enfants sont-ils motivés, alors que d'autres ne le sont pas ?
>
> ▸ Quels facteurs influent sur la motivation d'un enfant ?
>
> ▸ Quels indices permettent de déterminer si un enfant est motivé à l'école ?

La motivation est un phénomène qu'on ne saurait expliquer en quelques phrases simples. La lecture des chapitres qui suivent exigera donc un certain effort d'attention, mais les connaissances que l'on en retirera permettront de tirer le maximum de profit des moyens d'intervention présentés dans la seconde partie de l'ouvrage.

Avant d'aborder le premier chapitre, il serait opportun, d'entrée de jeu, de se demander pourquoi la motivation joue un rôle si important dans l'apprentissage et de proposer une définition de ce phénomène humain.

Pourquoi la motivation joue-t-elle un rôle si important dans l'apprentissage ?

« Il ne suffit pas, pour apprendre, de pouvoir le faire, il faut également le vouloir. » Cette maxime renferme un message important : même si un enfant possède les capacités requises, ses apprentissages seront minimes et éphémères s'il n'a au-

> **Les capacités ne suffisent pas à elles seules à assurer l'apprentissage ; il faut également de la motivation.**

cune motivation. Les recherches effectuées en pédagogie ont d'ailleurs clairement démontré que la motivation est essentielle à la réalisation d'apprentissages durables. À ce titre, la motivation se compare d'une certaine façon à la nécessité de l'essence dans une voiture :

on a beau avoir la voiture la plus performante, on n'ira pas loin si on n'a pas d'essence pour la faire fonctionner. Il en est de même de l'apprentissage : les capacités ne suffisent pas à elles seules à assurer l'apprentissage ; il faut également de la motivation.

En outre, la motivation est plus qu'une condition de l'apprentissage, elle est également essentielle à la poursuite des études. Au Québec, plus de 30 % des jeunes abandonnent l'école avant d'avoir obtenu le diplôme d'études secondaires. Diverses recherches attribuent cette situation surtout au manque de motivation des jeunes. En effet, nombre d'entre eux ne voient aucun intérêt à demeurer à l'école. Le marché des emplois précaires exerce plus d'attrait sur eux que ne le fait le désir d'acquérir des connaissances. Or, ces emplois n'assurent pas un avenir prometteur aux jeunes. Comme le souligne si bien Madeleine Gauthier, de l'Institut québécois de recherche sur la culture[2] :

> Les peu scolarisés de seize à dix-neuf ans sont, dans le contexte des transformations du monde du travail, objectivement les plus défavorisés, à moins qu'ils continuent d'être soutenus par leurs familles. De plus, les emplois disponibles pour les jeunes sans diplôme sont des emplois non qualifiés et même pour ce type d'emplois, ces jeunes sont en concurrence avec d'autres mieux préparés à entrer sur le marché du travail, soit les diplômés.

Enfin, la motivation est essentielle, compte tenu de la nécessité qui se pose, de nos jours, de réaliser des apprentissages tout au long de la vie. Le temps où les gens ayant obtenu un diplôme se félicitaient d'avoir enfin fini d'étudier est révolu. Le recyclage, le perfectionnement, la formation à de nouvelles technologies sont devenus le lot de la majorité des travailleurs, y compris des nouveaux diplômés des collèges et des universités. L'évolution rapide et constante des connaissances forcera les enfants du primaire tout autant que les jeunes du secondaire à poursuivre une longue carrière d'apprenants. Or, pour

---

[2] Madeleine Gauthier et Léon Bernier. *Les 15-19 ans : quel présent ? vers quel avenir ?*, Sainte-Foy (Québec), Les Presses de l'Université Laval, 1997, p. 205.

qu'elle puisse envisager la formation continue, une personne doit avoir la volonté d'acquérir des connaissances.

Maintenant que nous savons pourquoi la motivation est si importante à la fois pour l'enfant et pour l'adulte, demandons-nous en quoi elle consiste au juste.

COMMENT DÉFINIR LA MOTIVATION ?

La motivation fait partie des caractéristiques individuelles de l'enfant, au même titre que l'intelligence, les émotions et l'anxiété. On désigne ainsi ces caractéristiques parce qu'elles se retrouvent en chaque enfant, à des degrés divers. Tous les enfants, par exemple, ressentent des émotions comme la joie, la honte ou la fierté, mais à des degrés divers et à des moments différents. La motivation est donc une caractéristique individuelle, car elle varie en fonction de chaque enfant.

Les chercheurs ont constaté que les caractéristiques individuelles jouent le rôle d'un filtre s'interposant entre les apprentissages que l'enfant doit réaliser et les connaissances qu'il acquiert véritablement. Par exemple, l'enfant trop anxieux risque fort de ne pas pouvoir porter suffisamment d'attention à l'enseignement du professeur. De même, l'enfant dont la motivation est faible ne sera pas en mesure de consacrer l'énergie et le temps nécessaires à l'apprentissage.

On peut définir la motivation en milieu scolaire comme *un phénomène dynamique qui a sa source dans les perceptions qu'un enfant a de lui-même et qui l'amènent à choisir de s'engager dans une activité scolaire et de persévérer dans son accomplissement.*

Les chapitres qui suivent permettront d'expliquer davantage cette définition. Nous nous contenterons pour l'instant de faire remarquer que la motivation est un **phénomène dynamique** ; cela signifie que, variant sans cesse, elle ne peut se maintenir constamment au même niveau. La motivation de l'enfant ressemble d'ailleurs à la nôtre :

certains jours, nous nous rendons volontiers au travail, alors que, d'autres jours, nous préférerions rester au lit.

De plus, la motivation a sa source dans les **perceptions de l'enfant**. Comme chacun d'entre nous, l'enfant se représente le monde dans lequel il vit. Les perceptions de l'enfant ne se limitent pas à des sensations ; elles impliquent également les jugements qu'il pose sur lui-même, sur les personnes qui l'entourent et sur les événements qu'il vit. Les perceptions d'un enfant sont de nature diverse, mais ce sont les perceptions de soi qui influent le plus sur sa motivation. Ces perceptions feront l'objet d'un examen détaillé au chapitre suivant.

Les parents ne peuvent pas suppléer au manque de motivation de leur enfant, ni motiver celui-ci de force ; ils peuvent toutefois l'aider à se motiver.

Le fait que la motivation ait son origine dans les perceptions de l'enfant nous montre bien qu'il s'agit d'un phénomène intrinsèque, c'est-à-dire propre à la personne. À cause du pouvoir qu'ils pensent avoir sur leur enfant, certains parents ont l'impression qu'il

suffit, pour régler ses problèmes de motivation, de le forcer à fréquenter l'école et à s'y montrer motivé. Il n'en est rien. Certains enfants peuvent faire croire qu'ils travaillent dur et fournissent des efforts mais, en réalité, s'il ne sont pas motivés, ils feront tout pour ne rien faire. Les parents ne peuvent donc pas suppléer au manque de motivation de leur enfant, ni motiver celui-ci de force ; ils peuvent toutefois l'aider à se motiver.

Enfin, la motivation se manifeste non seulement par le temps qu'un enfant consacre à une activité, mais également par l'**engagement** dont il fait preuve en l'exerçant. Trop souvent, les parents et les enseignants considèrent le temps que l'enfant passe à faire ses devoirs et ses leçons comme un indice de sa motivation. Sans nier la valeur de cet indice, il est important de souligner que d'autres facteurs entrent en jeu, notamment l'attention et la concentration que l'enfant démontre lors de l'accomplissement d'une tâche.

Terminons la présentation de cette partie en distinguant la motivation de la passion. Certains parents souhaiteraient voir leur enfant transposer aux activités scolaires la passion qu'il éprouve pour la musique ou le sport. Or, la passion est une émotion forte qui n'accompagne pas nécessairement la motivation. Un enfant peut vouloir apprendre à bien écrire, sans pour autant avoir une passion pour l'écriture. Somme toute, s'il est souhaitable que l'enfant se passionne pour une matière ou pour des activités d'apprentissage, il peut être bien disposé à leur égard sans qu'elles suscitent de passion chez lui.

Maintenant que nous comprenons mieux ce qu'est la motivation et le rôle qu'elle joue dans l'apprentissage, nous pouvons nous demander pourquoi certains enfants veulent apprendre, alors que d'autres ne le veulent pas.

Chapitre 1

POURQUOI CERTAINS ENFANTS SONT-ILS MOTIVÉS, ALORS QUE D'AUTRES NE LE SONT PAS ?

Dans le passé, cette question a fait l'objet d'un long débat entre les chercheurs. Pour certains, la réponse à cette question résidait principalement dans les systèmes de récompenses et de punitions adoptés par les enseignants. Selon Burrhus Skinner, considéré comme le chef de file de ces chercheurs, un enfant perd sa motivation s'il ne reçoit pas d'encouragement ni de récompense de l'enseignant ou s'il subit des réprimandes ou des châtiments corporels. Skinner a même prétendu que, si les enseignants savaient utiliser efficacement les encouragements et les récompenses, ils n'auraient pas à punir les enfants pour les inciter à effectuer leur travail scolaire.

Pour d'autres chercheurs, ce ne sont pas tant les récompenses ni les punitions qui expliquent la motivation d'un enfant à l'école que son besoin d'épanouissement. Selon cette théorie, chaque personne désire apprendre pour combler son besoin d'affirmation et d'épanouissement. Mais, pour que ce besoin d'actualisation de soi puisse s'exprimer, il faut d'abord que cette personne puisse satisfaire certains autres besoins prioritaires. La pyramide des besoins proposée par Abraham Maslow, qui est illustrée à la figure 1.1, montre qu'une personne ne peut être désireuse d'acquérir des connaissances si elle

La pyramide des besoins de Maslow

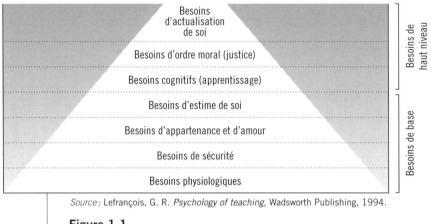

Source: Lefrançois, G. R. *Psychology of teaching*, Wadsworth Publishing, 1994.

Figure 1.1

n'a pas comblé des besoins fondamentaux tels que les besoins physiologiques et le besoin de sécurité et de protection.

On peut tirer des enseignements importants des théories de Skinner et de Maslow sur la motivation. La théorie de Skinner montre que la motivation de l'enfant n'est pas innée, mais qu'elle est influencée par les comportements des enseignants et des parents ainsi que par d'autres facteurs liés à l'environnement scolaire (la taille de l'école, par exemple) et à l'environnement familial (la fratrie, par exemple). De la théorie de Maslow, il ressort que l'enfant sera motivé à l'école dans la mesure où il aura comblé ses besoins de base. En effet, il est peu probable qu'un enfant n'ayant pas déjeuné ou souffrant d'un sentiment d'insécurité relié à des problèmes familiaux s'intéresse aux règles de grammaire et d'arithmétique ou aux lois de la physique. N'ayant pas satisfait ses besoins fondamentaux, cet enfant ne sera pas attentif ni en mesure de se concentrer suffisamment pour réussir les activités qu'on lui propose en classe.

> L'enfant sera motivé à l'école dans la mesure où il aura comblé ses besoins de base.

Un grand nombre de recherches sont venues s'ajouter à celles de Skinner et de Maslow et ont permis d'expliquer de façon encore

POURQUOI CERTAINS ENFANTS SONT-ILS MOTIVÉS, ALORS QUE D'AUTRES NE LE SONT PAS ?

CHAPITRE 1

plus précise pourquoi certains enfants sont motivés, alors que d'autres ne le sont pas. Ces recherches ont montré que les perceptions qu'un enfant a de lui-même sont les principales sources de sa motivation.

L'ORIGINE DE LA MOTIVATION :
LES PERCEPTIONS DE SOI

Les perceptions de soi sont les jugements qu'une personne porte sur les actions qu'elle accomplit. Par exemple, l'adulte se demande (souvent inconsciemment), avant d'exécuter une tâche, si elle est utile et s'il a les capacités et la volonté nécessaires pour la réaliser. L'enfant agit de la même façon à l'école : les perceptions qu'il a de lui-même l'amènent constamment à se juger et à s'évaluer en fonction de ce qu'on lui demande de faire. On dira qu'un enfant se perçoit de façon positive s'il a confiance en lui et s'il pose en général un jugement favorable sur ce qu'il fait. Par contre, on dira qu'il se perçoit de façon négative s'il doute de lui-même ou s'il juge constamment que les autres réussissent mieux que lui.

> Les perceptions que l'enfant a de lui-même l'amènent constamment à se juger et à s'évaluer en fonction de ce qu'on lui demande de faire.

Les perceptions qu'un enfant a de lui-même peuvent être réalistes ou irréalistes. Certains enfants se considèrent comme incapables de réussir, sans que ce jugement soit fondé sur la réalité. D'autres, au contraire, sont convaincus qu'ils réussiront et, ce faisant, ils se surévaluent. Par exemple, un adolescent de 18 ans qui n'a jamais gagné un tournoi de tennis régional mais qui se croit capable de faire partie un jour du circuit international fait une évaluation peu réaliste de ses capacités. Il en est ainsi du jeune du secondaire qui, en dépit de ses difficultés considérables en mathématiques et en physique, croit en ses chances de devenir astronaute. Ce dernier exemple montre à quel point l'intervention d'un enseignant ou d'un parent peut être parfois délicate, car il s'agit d'aider l'enfant à avoir une perception plus réaliste de ses capacités, sans toutefois lui faire perdre le goût de travailler.

Les perceptions de soi commencent à se développer très tôt dans la vie. En effet, l'enfant acquiert ses premières perceptions de lui-même vers l'âge de un an et demi. Ainsi, lorsqu'un tout-petit se regarde dans un miroir et palpe les différentes parties de son visage au lieu d'essayer de toucher son image sur le miroir, il prend conscience de son existence en tant que personne. Dès lors, cet enfant commence à accumuler des connaissances sur lui-même qui auront une incidence sur sa personnalité, ses comportements et, bien sûr, sa motivation à l'école.

La maternelle et le début des études primaires sont des années critiques pour le développement des perceptions de soi d'un enfant. Il ne faut pas oublier que l'entrée à l'école est un événement très important pour l'enfant car c'est là que, pour une des premières fois de sa vie, il est appelé à accomplir des activités imposées et évaluées par d'autres personnes que ses parents. Les commentaires de l'enseignant et les remarques des camarades s'ajoutent à ceux des parents et constituent des informations à partir desquelles l'enfant construit les perceptions qu'il a de lui-même. C'est dire à quel point, au préscolaire et au primaire, le rôle des éducateurs, tout autant que celui des parents, est fondamental, car l'avenir de l'enfant et le développement de sa volonté de poursuivre ses apprentissages scolaires en dépendent en grande partie.

> **Les commentaires de l'enseignant et les remarques des camarades s'ajoutent à ceux des parents et constituent des informations à partir desquelles l'enfant construit les perceptions qu'il a de lui-même.**

En général, l'enfant de trois à six ans se perçoit très positivement, c'est-à-dire qu'il se croit capable de tout réussir et de triompher de tout. Sa vie à la maison, à la maternelle et au cours de ses études primaires l'aidera à prendre conscience de ses limites. En effet, l'enfant aura l'occasion de constater qu'il réussit mieux que plusieurs de ses camarades dans certaines activités, mais moins bien qu'eux dans d'autres. Plus l'enfant vieillit, plus ses perceptions se nuancent. Aux États-Unis, Suzan Harter, de l'Université de Denver, a constaté qu'à la préadolescence et à l'adolescence les jeunes ont des perceptions

POURQUOI CERTAINS ENFANTS SONT-ILS MOTIVÉS, ALORS QUE D'AUTRES NE LE SONT PAS ?

CHAPITRE 1

d'eux-mêmes se rapportant à cinq domaines : les activités scolaires, les activités sportives, les relations avec les autres, l'apparence physique et le comportement social. Ainsi, un même adolescent peut constater qu'il a des aptitudes dans les sports, tout en doutant de ses aptitudes scolaires.

Les perceptions de soi jouent donc un rôle important dans la vie d'un enfant ; il est essentiel de s'y intéresser dès les premières années

> Ce ne sont pas seulement les capacités réelles d'un enfant qui comptent ; ce sont aussi celles qu'il pense avoir.

de fréquentation scolaire de celui-ci. L'importance des perceptions de soi en milieu scolaire a même conduit certains chercheurs à affirmer que ce ne sont pas seulement les capacités réelles d'un enfant qui comptent pour qu'il réussisse ; ce sont aussi celles qu'il pense avoir.

Des auteurs comme Germain Duclos[3] ont réalisé des travaux sur la perception de soi que l'on nomme l'estime de soi. Cette perception est dite générale, car elle représente un jugement global que l'enfant porte sur l'ensemble de sa personne. Par exemple, un enfant satisfait de ce qu'il accomplit et qui croit en sa capacité de réussir les projets qu'on lui propose fait preuve d'une bonne estime de lui-même. Par contre, un enfant témoigne d'une faible estime de lui-même s'il est généralement insatisfait de ce qu'il réalise et de ce qu'il est, et s'il doute constamment de sa capacité de réussir les tâches qui lui sont confiées à l'école et à la maison.

La démotivation peut s'expliquer, chez certains enfants, par la faible estime qu'ils ont d'eux-mêmes. Toutefois, à mesure qu'un enfant progresse dans ses études, les perceptions plus spécifiques qu'il entretient à l'égard des matières et des activités scolaires qui

---

[3] Aux personnes souhaitant en savoir davantage sur l'estime de soi chez les jeunes, nous conseillons le guide pratique rédigé par Germain Duclos, Danielle Laporte et Jacques Ross, *L'estime de soi de nos adolescents*. Cet ouvrage, destiné aux parents, a été publié à Montréal par l'hôpital Saint-Justine, en 1995.

lui sont proposées prennent de plus en plus d'importance. Examinons en quoi de telles perceptions peuvent être la cause de la démotivation des enfants.

LES SOURCES DE LA MOTIVATION :
LES PERCEPTIONS SPÉCIFIQUES DE SOI

En contexte scolaire, on dit d'une perception de soi qu'elle est spécifique lorsqu'elle se rapporte à une matière ou à une activité scolaire en particulier. C'est ainsi qu'un enfant peut croire en sa capacité de réussir ses cours de français, tout en se sentant incompétent en mathématiques. Il en est également ainsi de diverses activités reliées à une même matière : un enfant peut se juger compétent en rédaction française, mais incompétent sur le plan de l'orthographe. C'est en constatant que les perceptions des enfants variaient en fonction de la matière et des activités que les chercheurs en sont venus à croire que les perceptions spécifiques de soi étaient les principales sources de la motivation. Ils ont observé que certains enfants avaient tendance à bâtir leur estime de soi à partir de la façon dont ils se percevaient par rapport à une matière ou à une activité. Ainsi, à cause du sentiment d'incompétence qu'ils éprouvent en français ou en mathématiques, certains enfants en viennent à déprécier leurs aptitudes dans les autres matières.

Sans nier l'existence d'autres sources de motivation, on croit aujourd'hui que trois types de perceptions spécifiques expliquent en grande partie pourquoi certains enfants sont motivés, alors que d'autres ne le sont pas. Il s'agit de la perception que l'enfant a (1) **de la valeur d'une matière ou d'une activité scolaire ;** (2) **de sa compétence** dans l'accomplissement de cette activité ; et (3) **du degré de contrôle** qu'il exerce sur celle-ci.

Si on veut aider son enfant à faire en sorte que ces perceptions soient positives, on doit bien les connaître. Examinons-les, en commençant par la première, c'est-à-dire la perception qu'un enfant a de la valeur d'une matière ou d'une activité scolaire qu'on lui propose.

POURQUOI CERTAINS ENFANTS SONT-ILS MOTIVÉS, ALORS QUE D'AUTRES NE LE SONT PAS ?

CHAPITRE 1

LA PERCEPTION DE LA VALEUR D'UNE MATIÈRE OU D'UNE ACTIVITÉ

▸ «Pourquoi ferais-je ce que le professeur m'a demandé de faire ? »

▸ «Quelle peut bien être l'utilité de ces exercices ? »

▸ «À quoi cela me servira-t-il plus tard de faire ce qu'il me demande ? »

Ces questions que les jeunes se posent si souvent lorsqu'ils fréquentent l'école traduisent bien la valeur qu'ils accordent aux matières et aux activités scolaires. En d'autres mots, la perception que l'enfant a de la valeur d'une matière ou d'une activité repose sur l'évaluation qu'il en fait, laquelle dépend de l'intérêt qu'il lui porte et de l'utilité qu'il lui prête.

Mais comment se fait-il que certains enfants accordent de l'importance à des matières ou à des activités que d'autres enfants jugent futiles ? Les buts que les enfants poursuivent seraient à l'origine du jugement de valeur qu'ils posent sur ce qu'on leur offre. Ces buts se classent en deux grandes catégories : les buts scolaires et les buts sociaux.

Les buts scolaires

Les buts scolaires ont trait à l'apprentissage et à ses conséquences. En questionnant des enfants, on a constaté qu'ils visent, à l'école, à la fois des buts d'apprentissage et des buts de performance.

L'enfant se fixe des **buts d'apprentissage** lorsqu'il accomplit une activité en vue d'acquérir des connaissances dans une matière. C'est le cas de l'enfant qui, à l'école primaire, apprend les lettres, les syllabes et les sons pour être en mesure de lire des histoires par lui-même. C'est également le cas de l'enfant qui, à l'école secondaire, participe aux laboratoires de sciences afin de mieux comprendre des phénomènes qui l'ont toujours intrigué.

L'enfant poursuit des **buts de performance** lorsqu'il accomplit une activité pour obtenir de bonnes notes, une récompense, des félicitations ou la reconnaissance des autres. C'est le cas d'un enfant qui réalise une activité pour être le meilleur de la classe et obtenir la récompense qui s'y rattache.

Des études menées aux États-Unis montrent que l'enfant qui poursuit des buts d'apprentissage valorise les activités qu'on lui propose et que, par conséquent, il fait preuve de motivation. Cette dernière se manifeste par la persévérance dans l'accomplissement de l'activité proposée. Il n'en est pas ainsi de l'enfant qui recherche uniquement la performance. Son choix de persévérer ou non dans une activité dépend de ses chances de succès : s'il risque d'avoir de mauvais résultats, il ne la valorisera pas et trouvera des raisons de l'éviter ou de l'abandonner à la moindre occasion.

Le même phénomène se produit en ce qui concerne l'engagement de l'enfant : s'il poursuit des buts d'apprentissage, l'enfant s'engage en profondeur dans ses travaux, c'est-à-dire qu'il utilise tous les moyens dont il dispose pour comprendre ce qui lui est présenté. Quant à l'enfant qui s'intéresse uniquement à la performance, il a tendance à mémoriser la matière plutôt qu'à essayer de la comprendre. Ces résultats de recherche soulèvent deux questions.

Peut-on valoriser une activité sans pour autant avoir des buts d'apprentissage ? Chacun d'entre nous, s'il pense à ses années d'école, peut aisément répondre par l'affirmative à cette question. En effet, force nous est d'admettre que certains enseignants demandent parfois à leurs élèves de faire des activités auxquelles ils accordent eux-mêmes peu de valeur, et ce, tout simplement parce qu'elles figurent dans le manuel ou encore «pour passer le temps». Comment s'étonner alors que des enfants désireux d'apprendre jugent ces activités ennuyeuses et dénuées d'intérêt !

Le fait de poursuivre des buts de performance plutôt que des buts d'apprentissage peut-il nuire à la motivation ? Le souci de la

Pourquoi certains enfants sont-ils motivés, alors que d'autres ne le sont pas ?

Chapitre 1

performance n'a rien de
répréhensible si on cherche
en même temps à réaliser des
apprentissages. La plupart

L'habitude que certains parents et certains
enseignants ont de récompenser ou de punir
peut malheureusement inciter les enfants à
s'intéresser uniquement à la performance.

des enfants, même ceux qui se fixent des buts d'apprentissage, souhaitent gagner la reconnaissance et l'estime des autres ou obtenir
les récompenses associées à une bonne performance. Des recherches
menées par Thérèse Bouffard, de l'Université du Québec à Montréal,
ont démontré que les enfants les plus motivés sont ceux qui poursuivent des buts d'apprentissage et ceux qui cumulent des buts d'apprentissage et de performance. Par contre, les enfants qui perdent le
plus rapidement leur motivation sont ceux qui recherchent la seule
performance. Nous verrons dans la deuxième partie que l'habitude
que certains parents et certains enseignants ont de récompenser ou
de punir peut malheureusement inciter les enfants à s'intéresser uniquement à la performance.

Les buts sociaux

Aux buts scolaires que visent les jeunes s'ajoutent des buts
sociaux. Les jeunes cherchent ainsi à s'identifier à des jeunes de
leur âge, à se faire des amis pour partager avec eux des valeurs et
des intérêts, ou encore à établir des relations avec des jeunes du
sexe opposé. Il est normal et même souhaitable que les jeunes veuil-
lent, à l'école, atteindre des buts sociaux ; il arrive malheureusement
que certains d'entre eux ne fréquentent l'école que pour retrouver leurs
amis et s'amuser avec eux. Il est regrettable que seuls des buts sociaux
les incitent à demeurer à l'école, car ces buts ne suffisent pas à entretenir leur désir d'apprendre. En fait, les enfants qui sont animés de
buts sociaux ainsi que de buts d'apprentissage et de performance sont
les plus motivés à l'école, les plus désireux d'y réussir. Ces résultats
montrent à quel point il est important que les enfants perçoivent l'école
à la fois comme un lieu de socialisation et (surtout) comme un lieu
d'apprentissage.

Une autre notion nous aidera à comprendre pourquoi certains enfants valorisent une matière ou des activités que d'autres trouvent inutiles. Il s'agit de la perspective d'avenir.

La perspective d'avenir

«Je veux devenir pilote d'avion et je sais que, pour y arriver, je dois avoir de bonnes notes en sciences au secondaire.» Un jeune qui tient de tels propos démontre qu'il a une bonne perspective d'avenir. On définit la perspective d'avenir comme *le niveau d'aspirations qu'une personne entretient à l'égard de son avenir et les moyens qu'elle se donne pour les réaliser.*

On dit d'un jeune qu'il a une bonne perspective d'avenir si ses aspirations sont claires et s'il connaît les moyens de les réaliser. Par exemple, un élève du secondaire qui souhaite devenir informaticien et qui connaît bien les étapes à franchir pour y arriver a une bonne perspective d'avenir. Dès lors, ce jeune est plus en mesure de percevoir la valeur des matières et des activités qu'on lui propose.

Par contre, un jeune a une perspective d'avenir limitée s'il n'a aucune aspiration et ne se fixe aucun but à atteindre à moyen ou à long terme. Ce jeune verra difficilement l'utilité de matières comme le français, les mathématiques et les sciences. Somme toute, le jeune qui n'a pas d'aspirations et dont les buts sont confus ou peu structurés ne possède pas de point de référence à partir duquel il pourrait juger de la valeur d'une activité.

Le concept de perspective d'avenir nous permet de comprendre pourquoi un enfant qui ne poursuit aucun but vit dans le moment présent. Cette situation semble le lot de nombreux adolescents qui, par manque d'aspirations, sont à la recherche d'activités enivrantes susceptibles de leur procurer un plaisir immédiat. Cela peut expliquer l'engouement de certains jeunes pour les jeux vidéo ou les vidéoclips.

Ces considérations ne doivent pas encourager les parents à exercer des pressions indues sur leur enfant pour l'inciter à définir ses

POURQUOI CERTAINS ENFANTS SONT-ILS MOTIVÉS, ALORS QUE D'AUTRES NE LE SONT PAS ?

CHAPITRE 1

projets d'avenir. Il est normal qu'un jeune se cherche et se demande ce qu'il souhaite faire plus tard. Ces interro-

> Un jeune qui a cessé de se questionner sur son avenir et qui se désintéresse de ce qu'il fera après ses études est susceptible de porter un jugement sévère sur les matières et les activités scolaires.

gations sont saines et peuvent pousser le jeune à acquérir des connaissances. Toutefois, un jeune qui a cessé de se questionner sur son avenir et qui se désintéresse de ce qu'il fera après ses études est susceptible de porter un jugement sévère sur les matières et les activités scolaires, de considérer qu'elles sont insignifiantes ou inutiles. Somme toute, il est probable qu'il ait une faible perception de l'importance et de la valeur de ce qu'il apprend à l'école.

En résumé, voici ce que nous pouvons conclure à propos de la perception qu'un enfant a de la valeur d'une activité :

- La valeur qu'un enfant accorde aux matières et aux activités scolaires est l'une des sources de sa motivation.
- Pour qu'il puisse être motivé à l'école, l'enfant doit attacher de la valeur aux apprentissages qu'il y effectue.
- Pour qu'il puisse valoriser une activité ou une matière scolaire, l'enfant doit se fixer à la fois des buts scolaires et des buts sociaux.
- Il est important que l'enfant poursuive des buts d'apprentissage, c'est-à-dire qu'il valorise les activités scolaires pour les connaissances qu'elles lui permettent d'acquérir.

Nous possédons maintenant des éléments de réponse à notre question de départ qui, rappelons-le, portait sur les raisons susceptibles d'expliquer que certains enfants sont motivés, alors que d'autres ne le sont pas. À la lumière des résultats que nous venons de présenter, nous pouvons affirmer que l'absence de motivation observée chez certains enfants est simplement due au fait qu'ils ne voient pas la nécessité d'accomplir ce qu'on leur demande. Mais qu'est-ce que les parents peuvent faire pour amener leur enfant à valoriser l'école et les apprentissages qu'on y réalise ?

Que faire pour amener un enfant à percevoir la valeur d'une matière ou d'une activité ?

Nous verrons dans la deuxième partie, et plus particulièrement dans le chapitre 4, qu'il existe une série d'activités que les parents peuvent faire avec leur enfant pour le sensibiliser à l'importance des activités scolaires. Pour l'instant, contentons-nous de souligner que, dans une première étape, il est suggéré aux parents de prendre conscience du fait que leurs propres jugements à l'égard de l'école et des professeurs influent sur ceux de leur enfant. En effet, lorsque les parents ne cessent de se plaindre que «le système scolaire coûte trop cher pour ce qu'il rapporte», que «les enseignants ne font pas leur travail», que «ce qu'on apprend à l'école ne tient aucunement compte des exigences du marché du travail», ils donnent à leur enfant tous les arguments dont il a besoin pour prétendre que fréquenter l'école ne sert à rien.

Les parents seront invités à tenter de persuader leur enfant de l'importance de l'école à la fois par leurs paroles et par leurs actes. Par exemple, on verra que des activités aussi simples que faire une recette culinaire ou bricoler avec son enfant peuvent être l'occasion de le convaincre de l'importance des mathématiques dans la vie de tous les jours. Les parents seront également invités à profiter des samedis ou des dimanches pour visiter avec leur enfant le planétarium, un musée ou une exposition, et ainsi lui faire découvrir la raison d'être de matières comme l'astronomie, l'histoire ou la géographie. Ces visites seront aussi l'occasion de faire connaître à leur enfant des métiers et des professions qui l'inciteront à avoir une perspective d'avenir.

Une deuxième perception peut être à l'origine de la démotivation observée chez certains enfants ; c'est la perception qu'ils ont de leur propre compétence.

Pourquoi certains enfants sont-ils motivés, alors que d'autres ne le sont pas ?

Chapitre 1

La perception de la compétence

▸ «Moi, je suis bon en rédaction.»

▸ «Je ne comprends rien aux mathématiques.»

▸ «Pour lui, les sciences, c'est facile, mais moi, je ne suis pas capable.»

Ce genre de commentaires, que l'on entend souvent de la bouche des enfants, traduit bien la perception qu'ils ont de leur capacité de réussir des activités dans une matière en particulier. Cette perception incite un enfant à se demander, avant d'entreprendre une activité d'apprentissage difficile, s'il est capable de la mener à bien. Il a une perception positive de sa compétence s'il se juge capable de réussir cette activité, alors qu'il en a une perception négative s'il en doute ou s'il est certain d'échouer.

On ne doit pas oublier que la perception qu'une personne a de sa compétence est un jugement subjectif, c'est-à-dire une opinion, et que ce jugement n'est pas nécessairement exact. Par exemple, il arrive parfois qu'un enfant à qui on demande de résoudre des problèmes de géométrie doute de sa capacité de réussir ; il conclut alors, avant même de commencer, qu'il échouera parce qu'il n'a pas la «bosse» des mathématiques. Pourtant, aux yeux de son enseignant, cet enfant possède toutes les habiletés nécessaires pour réussir. Malheureusement, l'enseignant a beau, dans de telles circonstances, répéter à l'enfant qu'il est capable de réussir, si celui-ci n'en est pas convaincu, il risque fort d'abandonner à la moindre occasion.

La perception qu'un enfant a de sa propre compétence est une importante source de motivation, car les enfants sont portés constamment, à l'école, à s'interroger sur leurs capacités. En effet, on ne doit pas oublier que l'école est un milieu exigeant pour l'enfant, car elle lui demande d'acquérir de nouvelles connaissances dans le cadre d'activités obligatoires et en compagnie d'autres enfants (qui ne sont pas nécessairement ses amis). Ces situations créent de l'incertitude chez certains enfants et les amènent à s'interroger sur leur capacité de faire ce qu'on leur demande. Ne nous sentirions-nous pas comme eux si, au travail, notre patron nous obligeait continuellement

À l'école, les enfants sont portés constamment à s'interroger sur leurs capacités.

à apprendre de nouvelles façons de faire et ce, en compagnie de collègues que nous connaissons peu?

Mais qu'est-ce qui fait qu'un enfant croit en sa capacité de réussir dans une matière, alors qu'il se juge incompétent dans une autre matière? Selon Albert Bandura, un des chercheurs les plus reconnus dans ce domaine, la perception qu'un enfant a de sa compétence provient principalement de quatre sources: ses performances antérieures, son observation d'autres personnes, les commentaires de ses enseignants et de ses parents ainsi que ses réactions physiologiques et émotives.

Les **performances antérieures** correspondent aux succès et aux échecs passés. Les antécédents scolaires d'un enfant sont jalonnés de réussites et d'échecs que celui-ci utilise comme points de référence lorsqu'il se situe par rapport à une activité scolaire. Par exemple, un enfant qui a échoué fréquemment en mathématiques au primaire sera porté à douter de sa capacité de réussir des examens d'algèbre au secondaire. Il aura tendance à abandonner à la moindre occasion, ce qui le fera échouer à nouveau. Cet échec s'ajoutant aux autres confirmera son incompétence à ses propres yeux. En revanche, un enfant qui a connu plus de succès que d'échecs sera porté à se juger capable de réussir, ce qui l'amènera à travailler davantage et à augmenter ainsi ses chances de succès.

L'**observation** d'une activité pendant qu'elle est exécutée par d'autres personnes est une pratique courante en milieu scolaire. En effet, l'enfant est souvent invité à regarder une démonstration faite par l'enseignant ou par un autre enfant. Or, durant cette activité, l'enfant se demande s'il sera capable de faire ce qu'il est en train d'observer. La perception qu'il a de sa compétence sera rehaussée s'il conclut

POURQUOI CERTAINS ENFANTS SONT-ILS MOTIVÉS, ALORS QUE D'AUTRES NE LE SONT PAS ?

CHAPITRE 1

qu'il en est capable. Par contre, si la tâche qu'on lui montre lui apparaît trop difficile, la perception qu'il a de sa compétence peut diminuer.

Les **commentaires** des enseignants et des parents s'avèrent également déterminants dans la perception de la compétence. L'enfant utilise les commentaires qu'il reçoit sur ses travaux, sur ses résultats scolaires et sur son rang dans la classe pour juger de sa compétence. Des commentaires comme «Comment se fait-il que tu ne sois pas parmi les premiers de ta classe?» ou «Tu n'as pas, comme moi, la bosse des maths» peuvent amener un enfant à douter de sa capacité de réussir et même à conclure à son incapacité.

> L'enfant utilise les commentaires qu'il reçoit sur ses travaux, sur ses résultats scolaires et sur son rang dans la classe pour établir le jugement qu'il porte sur sa compétence.

Les **réactions physiologiques et émotives** de l'enfant face à des événements peuvent également lui servir d'indicateurs de sa compétence. En effet, un enfant qui réagit nerveusement ou qui a soudainement très chaud en accomplissant une activité (un examen, par exemple) pourrait voir dans ses réactions le signe de son incapacité de réussir les tâches qu'on exige de lui. Des réflexions comme: «Quand j'arrive à un examen, j'ai chaud et j'ai souvent un trou de mémoire» ou «Je ne suis pas relax, je ne réussirai pas» illustrent bien ce phénomène.

À ces sources viennent s'ajouter des facteurs liés au contexte de l'enseignement. Les exigences d'un cours (par exemple le travail individuel), les instruments d'évaluation (par exemple les dictées), le comportement des enseignants, etc., sont susceptibles de modifier le jugement que l'enfant porte sur sa capacité d'accomplir une activité.

De façon générale, les recherches consacrées à la perception de la compétence montrent que, si l'enfant a une opinion positive de sa capacité de réussir et qu'il accorde une valeur à l'activité qui lui est proposée, il y a de fortes chances qu'il soit motivé. Par contre, un enfant qui a une piètre opinion de sa compétence dans l'accomplissement d'une activité est porté à éviter cette activité ou à l'abandonner rapidement et ce, même s'il la considère comme utile.

D'autres résultats intéressants se dégagent des études réalisées dans ce domaine. Ainsi, des chercheurs ont déterminé que l'enfant de première année se fonde davantage sur le jugement de ses parents que sur ses succès ou ses échecs réels en classe pour évaluer ses chances de réussite. C'est donc dire que les enfants, même s'ils réussissent en classe, douteront de leurs capacités si leurs parents sont déçus de ce qu'ils ne sont pas les premiers de classe ou de ce que leurs notes ne sont pas aussi élevées que celles de leur sœur ou de leur frère. Ce résultat de recherche montre à quel point les commentaires et les comportements des parents jouent un rôle crucial dans le développement de la perception de la compétence chez l'enfant.

> L'enfant de première année se fonde davantage sur le jugement de ses parents que sur ses succès ou ses échecs réels en classe pour évaluer ses chances de réussite.

On a constaté dans d'autres recherches que certains enfants, parmi lesquels figure un bon pourcentage de filles, ont tendance à se référer à leurs échecs antérieurs plutôt qu'à leurs succès pour juger de leur compétence et ce, même si leurs succès sont plus nombreux. Cela explique pourquoi certains enseignants constatent avec surprise que des jeunes filles qu'ils jugent brillantes et aptes à réussir dans leurs études, en sciences, par exemple, se sous-estiment et se jugent, dès le début des cours, incapables de réussir.

Il semble bien que le meilleur moyen dont dispose un enfant pour améliorer l'opinion qu'il a de sa compétence consiste à réussir dans une activité qu'il se croyait au départ incapable d'accomplir. En effet, une réussite inattendue redonne souvent confiance à l'enfant et augmente ainsi son désir de s'engager dans une activité semblable et d'y persévérer afin d'améliorer sa performance. Voici, à titre d'exemple, une situation observée par un des auteurs.

POURQUOI CERTAINS ENFANTS SONT-ILS MOTIVÉS, ALORS QUE D'AUTRES NE LE SONT PAS ?

CHAPITRE 1

Une enfant avait une piètre opinion de ses talents en arts plastiques et jugeait ses œuvres médiocres, opinion que ses parents ne contredisaient pas. Or, elle comparait ses travaux à ceux de ses frères et sœurs plus âgés, et même à ceux d'adultes. Dans le cadre d'un concours provincial, son dessin fut choisi pour représenter son école et, par la suite, l'ensemble des écoles de sa région. Depuis cet événement, elle se passionne pour les arts plastiques et la perception qu'elle a de ses capacités s'est accrue à un point tel qu'elle passe tous ses temps libres à dessiner.

Nous conclurons cette section en analysant les principes que nous avons dégagés des résultats de recherches présentés plus haut.

▸ Les enfants ont de la difficulté à avoir une perception réaliste de leur compétence touchant l'accomplissement d'activités exigées d'eux.

▸ Par leurs commentaires, les parents, tout comme les enseignants, ont une influence capitale sur la perception qu'un enfant a de sa compétence à réussir à l'école.

▸ Certains enfants, parmi lesquels figure un bon pourcentage de filles, ont tendance à se référer à leurs échecs antérieurs plutôt qu'à leurs succès pour juger de leur compétence et ce, même si leurs succès sont plus fréquents.

Cette section traitant de la perception de la compétence chez l'enfant vient ajouter des éléments de réponse à notre question de départ, qui portait sur les causes de la démotivation de certains enfants. Nous savons maintenant que l'absence de motivation correspond, dans certains cas, au fait que l'enfant ne valorise pas ce qu'on lui demande de faire ou qu'il n'a pas confiance en sa capacité de réussir. Par contre, un enfant motivé se sent capable de réussir et valorise les activités qui lui sont proposées.

Que faire pour amener un enfant à percevoir sa compétence?

Dans le chapitre 5, nous verrons qu'un des meilleurs moyens d'aider l'enfant à percevoir sa compétence consiste à lui apprendre à s'autoévaluer. Il n'est pas facile de s'autoévaluer et d'avoir confiance en ses propres jugements. Des techniques de communication seront suggérées aux parents afin qu'ils amènent leur enfant à s'exprimer clairement sur ses perceptions, à nuancer ses besoins et à réfléchir sur ses comportements en fonction de situations précises. Grâce à ces moyens, l'enfant devrait pouvoir poser sur lui-même des jugements plus circonstanciels et en arriver lui-même à distinguer les matières et les activités d'apprentissage dans lesquelles il se sent capable de réussir de celles où il a le sentiment d'être moins habile.

Aider un enfant à percevoir qu'il est compétent exige également de ses parents qu'ils aient des attentes réalistes envers lui, qu'ils lui témoignent leur confiance plutôt que de lui transmettre leur inquiétude, qu'ils lui reconnaissent le droit à l'erreur et, enfin, qu'ils le soutiennent lors d'apprentissages difficiles susceptibles de le décourager.

Pour que notre question soit véritablement résolue, il convient d'examiner une dernière perception de soi: la perception que l'enfant a de sa capacité de contrôler ses apprentissages.

La perception de la contrôlabilité

Les jeunes sont passionnés par les jeux vidéo. Bien sûr, ces jeux leur apportent un plaisir immédiat et leur proposent des défis intéressants. Néanmoins, le succès de ces jeux réside également dans le fait qu'ils donnent aux jeunes l'impression d'être aux commandes d'un vaisseau spatial ou d'une voiture de course, ou de se transformer en un être aux pouvoirs surhumains. Ce sentiment de maîtriser la situation est ce que les chercheurs nomment la **perception de la contrôlabilité**.

Pourquoi certains enfants sont-ils motivés, alors que d'autres ne le sont pas ?

| Chapitre 1

Dans un contexte d'apprentissage, cette perception se définit comme le degré de contrôle et de responsabilité qu'un enfant croit avoir sur le déroulement de ses apprentissages et sur leurs résultats. S'il estime avoir les capacités, le temps et les ressources nécessaires pour accomplir ce qu'on lui propose, l'enfant aura le sentiment qu'il exerce un contrôle sur les apprentissages qu'il fait à l'école. Au contraire, s'il se sent obligé de suivre une démarche et de respecter des consignes sans être convaincu que celles-ci l'amèneront à réussir comme il le souhaite, il jugera qu'il a une faible capacité de contrôle et se sentira dépouillé de ses responsabilités.

Toute personne, quel que soit son âge, a besoin de percevoir qu'elle a la maîtrise de ce qu'elle fait. Les milieux de travail trop contraignants,

> Toute personne, qu'elle soit adulte, adolescente ou enfant, a besoin d'exercer un certain contrôle sur ce qu'elle fait.

où l'on est obligé de mener des actions contre son gré, ne sont-ils pas à l'origine de nombreux cas d'épuisement professionnel chez les adultes ? Toute personne, qu'elle soit adulte, adolescente ou enfant, a besoin d'exercer un certain contrôle sur ce qu'elle fait.

L'école, telle qu'elle est organisée et gérée présentement, contribue-t-elle à améliorer la perception que les enfants ont de leur contrôlabilité ? À écouter certains d'entre eux affirmer qu'ils doivent toujours obéir à des règlements à l'école, on peut en douter. D'autres ont pourtant l'impression d'exercer un contrôle sur ce qu'ils vivent à l'école. Selon les chercheurs, cette divergence d'opinion vient principalement de la façon dont les enfants expliquent leurs succès et leurs échecs scolaires.

À quoi les enfants attribuent-ils leurs succès et leurs échecs ?

Les causes invoquées par les enfants pour expliquer leurs échecs ou leurs succès scolaires sont nombreuses. Les aptitudes intellectuelles, l'effort, la difficulté ou la facilité de la tâche, la chance et la compétence des professeurs figurent parmi les causes les plus fréquemment invoquées. Ainsi, un enfant peut relier son succès en mathématiques au fait qu'il est «bolé» (à ses aptitudes intellectuelles), qu'il a travaillé avec acharnement (à ses efforts), que l'examen n'était pas difficile (à la facilité de la tâche), etc. En cas d'échec, il pourra, par exemple, dire qu'il n'a pas eu de chance, qu'il n'a pas assez travaillé ou que le professeur n'avait pas expliqué suffisamment la matière.

Les filles ont moins tendance que les garçons à attribuer leurs succès à leurs capacités intellectuelles.

Dans une étude qu'elle a effectuée, Deborah Stipek, de l'Université de la Californie à Los Angeles, a montré que les particularités culturelles et le sexe de l'enfant peuvent influer sur sa façon d'expliquer ses succès et ses échecs. Par exemple, elle a remarqué que les enfants japonais sont davantage portés à attribuer leurs succès et leurs échecs à leurs efforts, alors que les jeunes nord-américains invoquent plutôt leurs capacités intellectuelles. En ce qui concerne la différence des résultats entre les sexes, elle constate que les filles ont moins tendance que les garçons à attribuer leurs succès à leurs capacités intellectuelles. Par contre, lorsqu'elles subissent des échecs, les filles les attribuent à leurs faibles capacités intellectuelles, alors que les garçons les attribuent à leurs efforts insuffisants.

Il est important de souligner que les causes auxquelles les enfants attribuent leurs succès ou leurs échecs sont subjectives et que, à ce titre, elles peuvent être justes ou inexactes. Comme nous l'avons souligné lorsqu'il était question de la perception de la compétence, il est parfois difficile pour le jeune, comme d'ailleurs pour l'adulte, de jeter un regard objectif sur ses réalisations.

Pour bien saisir comment les causes invoquées par les enfants déterminent la perception qu'ils ont de leur contrôlabilité, il faut voir si ces causes sont internes ou externes à l'enfant et si elles sont stables ou variables. Examinons rapidement ces deux catégories.

La première question que l'on doit se poser, c'est si la cause invoquée est **interne** ou **externe**. Les aptitudes intellectuelles, le talent, les efforts, la fatigue sont des causes propres à l'enfant, alors que la

Pourquoi certains enfants sont-ils motivés, alors que d'autres ne le sont pas ?

Chapitre 1

complexité d'une tâche, la chance, la qualité de l'enseignement ou les camarades sont des causes qui ne dépendent pas de lui. Par exemple, un enfant invoque une cause interne lorsqu'il perçoit que l'échec qu'il a subi à un examen est dû à la fatigue qu'il éprouvait au moment de cet examen. En revanche, il invoque une cause externe lorsqu'il impute son échec à l'incompétence d'un de ses professeurs.

Pourquoi est-ce si important de savoir si la cause mise en évidence est interne ou externe ? C'est qu'en invoquant des causes internes, l'enfant a plus de chances de croire que ce qui lui arrive dépend de lui, et cela l'amène à avoir une perception plus réaliste de sa contrôlabilité. Au contraire, l'enfant qui invoque des causes externes est porté à juger que ses succès ou ses échecs ne relèvent pas de lui, puisqu'ils sont dus à des causes sur lesquelles il ne peut pas agir ; dans ce cas, il risque fort d'avoir une perception inexacte de sa contrôlabilité.

Qu'elle soit interne ou externe, une cause est soit **stable**, en ce sens qu'elle n'est pas appelée à changer, soit **variable**. Par exemple, un enfant qui attribue son succès en français écrit à son «talent d'écrivain» invoque une cause stable, puisque la plupart des gens croient que le talent est une caractéristique que l'on a dès la naissance. Toutefois, ce même enfant aurait invoqué une cause variable s'il avait attribué ses succès à ses efforts, car l'effort est considéré comme un facteur qui varie constamment.

On peut donc classer toutes les causes invoquées par les enfants en fonction de deux critères : leur nature interne/externe et stable/variable. Examinons le tableau 1.1 pour voir comment les causes fréquemment invoquées par les enfants se répartissent entre ces deux catégories.

De nombreuses recherches ont démontré qu'un enfant a une perception élevée de sa contrôlabilité lorsqu'il attribue ses échecs à une cause que l'on peut qualifier d'interne et de variable (par exemple aux efforts insuffisants qu'il a déployés). Toutefois, un enfant a une faible perception de sa contrôlabilité s'il attribue ses échecs à une cause qui

Tableau 1.1

CATÉGORISATION DES CAUSES INVOQUÉES PAR LES ENFANTS

	INTERNE		EXTERNE	
	Stable	Variable	Stable	Variable
Les capacités intellectuelles	X			
L'effort		X		
Le professeur			X	
La chance ou la malchance				X
La difficulté ou la facilité de la tâche				X

lui est extérieure (par exemple à l'incompétence du professeur) ou à une cause que l'on peut qualifier d'interne et de stable (par exemple à son manque d'intelligence). Cette dernière situation peut même provoquer chez l'enfant ce qu'on appelle l'*impuissance apprise*.

> **Un enfant perçoit qu'il a une capacité de contrôle élevée lorsqu'il attribue ses échecs à une cause que l'on peut qualifier d'interne et de variable.**

L'impuissance apprise

L'impuissance apprise est une réaction d'abandon manifestée par l'enfant, qui est provoquée par le fait qu'il se croit incapable de réussir, quoi qu'il fasse. L'impuissance apprise correspond probablement à la perception la plus négative qu'un enfant puisse avoir de sa contrôlabilité. En effet, l'enfant a alors tendance à attribuer ses rares succès à des causes externes, sur lesquelles il n'a aucun pouvoir (par exemple la chance), et ses nombreux échecs à des causes internes et stables, comme ses capacités intellectuelles.

POURQUOI CERTAINS ENFANTS SONT-ILS MOTIVÉS, ALORS QUE D'AUTRES NE LE SONT PAS ?

CHAPITRE 1

Parmi les enfants qui éprouvent des problèmes d'apprentissage, certains ont tendance à souffrir d'impuissance

> **Les enfants qui souffrent d'impuissance apprise voient comme une menace le fait de redoubler d'efforts, car un nouvel échec viendrait confirmer ce qu'ils pensent d'eux-mêmes, à savoir qu'ils n'ont pas l'intelligence nécessaire pour réussir.**

apprise ; ils croient qu'il leur est inutile de travailler, car ils sont sûrs d'échouer. D'ailleurs, ces enfants voient comme une menace le fait de redoubler d'efforts, car un nouvel échec viendrait confirmer ce qu'ils pensent d'eux-mêmes, à savoir qu'ils n'ont pas l'intelligence nécessaire pour réussir.

En résumé, voici ce que l'on peut tirer des recherches sur la perception de la contrôlabilité et sur l'impuissance apprise.

▸ Toute personne éprouve le besoin de sentir qu'elle a un certain contrôle sur ce qu'elle accomplit, en d'autres mots, elle a besoin d'assumer un certain niveau de responsabilité.

▸ La perception de la contrôlabilité est étroitement reliée aux causes invoquées pour expliquer les succès et les échecs antérieurs.

▸ Les catégories interne/externe et stable/variable auxquelles on peut rattacher les causes invoquées par les enfants nous aident à mieux saisir la façon dont ils perçoivent leur contrôlabilité.

▸ L'impuissance apprise est la perception de la contrôlabilité la plus négative qui soit.

Que faire pour amener un enfant à percevoir sa contrôlabilité ?

Le chapitre 6 permettra d'approfondir cette question. Deux objectifs seront alors proposés aux parents : aider leur enfant à prendre conscience qu'il exerce un contrôle sur certaines dimensions de sa vie scolaire et l'inviter à assumer des responsabilités dans l'organisation de ses études à la maison.

Pour atteindre le premier objectif, on proposera un exercice afin d'aider l'enfant à inventorier les dimensions de la vie scolaire qui sont déterminées par la direction de l'école ou par les enseignants et celles sur lesquelles il peut agir.

Pour atteindre le deuxième objectif, il sera suggéré de préciser avec l'enfant les dimensions de l'organisation de ses études à la maison dont il peut assumer la responsabilité et celles qui demeureront la prérogative de ses parents.

CONCLUSION

Nous possédons maintenant tous les éléments nécessaires pour répondre adéquatement à notre question de départ. Il s'agissait de déterminer pourquoi certains jeunes sont motivés à l'école, alors que d'autres ne le sont pas. Le tableau 1.2 montre comment on peut y répondre à la lumière des informations contenues dans ce chapitre.

Tableau 1.2

COMMENT RECONNAÎTRE UN ENFANT DÉMOTIVÉ

UN ENFANT MOTIVÉ	UN ENFANT DÉMOTIVÉ
▸ juge utiles ou intéressantes la matière et les activités scolaires qui lui sont proposées ;	▸ juge inutiles ou inintéressantes la matière et les activités scolaires qui lui sont proposées ;
et	et/ou
▸ se sent capable de faire ce qu'on lui demande ;	▸ se sent incapable de faire ce qu'on lui demande ou doute de ses capacités ;
et	et/ou
▸ a l'impression d'avoir une certaine part de responsabilité (contrôle) dans le déroulement de ses apprentissages et croit que ses succès comme ses échecs dépendent en grande partie de lui.	▸ a l'impression de n'avoir aucune responsabilité dans ce qu'on lui demande de faire et croit que ses succès ou ses échecs ne dépendent pas de lui.

POURQUOI CERTAINS ENFANTS SONT-ILS MOTIVÉS, ALORS QUE D'AUTRES NE LE SONT PAS ?

CHAPITRE 1

Nous venons de voir que la motivation a son origine dans les perceptions que l'enfant a de lui-même. La motivation est donc un phénomène propre à l'enfant et, de la même façon qu'on ne peut pas apprendre à sa place, on ne peut pas être motivé pour lui. Toutefois, les perceptions de soi de l'enfant ne se créent pas et ne se modifient pas au hasard.

L'environnement dans lequel l'enfant vit et apprend et les personnes qu'il côtoie sont les «bougies d'allumage» de ses perceptions. Le chapitre qui suit permettra de connaître les facteurs présents dans l'environnement de l'enfant qui agissent sur sa motivation à l'école. Cela nous permettra de voir que les parents, tout en n'étant pas les seuls responsables de la motivation de leur enfant, ont un rôle crucial à jouer dans son maintien.

Chapitre 2

Une foule de facteurs présents dans l'environnement de l'enfant influent sur ses perceptions et, par conséquent, sur sa motivation. Ces facteurs sont, par exemple, les camarades, les échecs et les succès, l'encouragement des parents, la personnalité du professeur, le système de récompenses et de punitions en vigueur à l'école, etc. Comme l'illustre la figure 2.1, ces facteurs se répartissent en quatre catégories : facteurs relatifs à la société, à l'école, à la classe et à la famille.

Certains facteurs sont-ils plus importants que d'autres ? Il est difficile de répondre à cette question, car la motivation est, comme nous l'avons vu, un phénomène propre à chaque enfant. Par exemple, les règles qui régissent l'attribution de prix dans une école peuvent influer positivement sur la motivation d'un enfant, alors qu'elles auront pour effet de démotiver un autre enfant. Même s'il est difficile de déterminer le ou les facteurs clés, on constate que les facteurs reliés à la classe et à la famille jouent un rôle crucial pour la majorité des enfants. Avant de présenter de façon plus détaillée

> Les facteurs reliés à la classe et à la famille jouent un rôle crucial pour la majorité des enfants.

Les facteurs qui influent sur la motivation de l'enfant à l'école

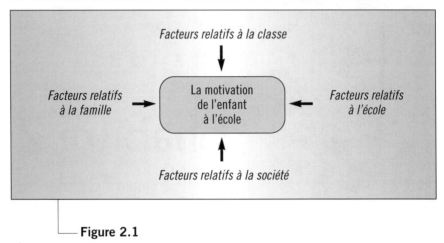

Figure 2.1

ces deux types de facteurs, examinons brièvement comment les facteurs relatifs à la société et à l'école peuvent également influer sur la motivation des élèves en milieu scolaire.

L'influence de la société

Personne ne peut ignorer que notre société se transforme à un rythme très rapide. L'implantation des nouvelles technologies de l'information sert souvent d'exemple pour illustrer les bouleversements que l'on vit. Mais les transformations liées aux nouvelles technologies ne sont que l'une des facettes des changements en cours. On ne doit pas oublier en effet que les valeurs de notre société changent également à un rythme surprenant. Il y a trente ans, par exemple, la religion était au Québec une valeur aussi fondamentale que la langue. Or, la religion ne fait plus aujourd'hui partie des débats qui entourent l'avenir de la société québécoise. Elle ne représente maintenant qu'une caractéristique socioculturelle d'une partie de la population.

Les valeurs que les Québécois entretiennent à l'égard de l'école se sont également transformées au cours de la dernière décennie. En effet, l'éducation était considérée autrefois par les parents comme le seul moyen de vaincre la pauvreté et de parvenir à la réussite sociale. Aujourd'hui, tout en continuant de considérer que l'éducation est essentielle, un grand nombre de parents critiquent les objectifs et les règles établis par l'école et s'interrogent sur la valeur des apprentissages que l'on y fait. Et que penser des jugements que l'on formule sur les enseignants ? Il était autrefois impensable que les politiciens mettent en doute la compétence des enseignants ou que des médias prétendent que les enseignants ont la vie facile parce qu'ils ont deux mois de vacances l'été. Or, de tels commentaires sont devenus monnaie courante de nos jours. À notre connaissance, aucune recherche n'a mesuré les répercussions de ces jugements, sévères et parfois injustes, sur les perceptions des enfants. On peut toutefois craindre qu'ils n'aient un effet négatif. Chose certaine, ils ne contribuent pas à accroître la motivation des enfants à l'école.

Les moyens que la société met à la disposition des jeunes pour se distraire se répercutent également sur leur désir d'apprendre. Les arcades, le cinéma sur écran géant, les vidéoclips et les jeux vidéo proposent aux jeunes un monde où ils peuvent se laisser aller et profiter pleinement du moment présent. Comparativement à cet univers facile, l'école offre aux jeunes un environnement moins stimulant, moins attrayant, où ils doivent travailler, être attentifs, écouter, lire et écrire. Dans ce contexte, pourquoi ne pourrait-on pas employer

> **Apprendre est parfois une tâche ardue, et ce n'est pas parce qu'on utilise la télévision, l'ordinateur ou le réseau Internet que tout devient facile.**

les nouvelles technologies à des fins pédagogiques afin de motiver les élèves ? Certes, l'utilisation, dans l'avenir, de la vidéo interactive, de dictionnaires et d'encyclopédies sur disque optique compact (CD-ROM) ainsi que du réseau Internet suscitera l'intérêt des élèves, mais il serait utopique d'y voir la panacée aux problèmes de motivation que l'on rencontre actuellement. Il convient de se rappeler l'expérience des années 70, où l'on a cru que l'utilisation de la télévision dans les classes allait stimuler l'apprentissage en milieu scolaire. L'engouement des élèves s'est vite transformé en déception lorsqu'ils se sont rendu compte qu'il ne s'agissait pas simplement pour eux d'écouter passivement des émissions, mais d'acquérir des connaissances à l'aide de la télévision, c'est-à-dire de comprendre, de prendre des notes, de résumer des informations, etc. Apprendre est parfois une tâche ardue, et ce n'est pas parce qu'on utilise la télévision, l'ordinateur ou le réseau Internet que tout devient facile. Somme toute, les nouvelles technologies peuvent servir à stimuler chez les jeunes le désir d'apprendre, encore faut-il que ces jeunes soient motivés au départ pour être en mesure de profiter pleinement de ces technologies.

Quoi qu'il en soit, tous ces facteurs reliés à la société jouent indéniablement un rôle dans le développement de la motivation des enfants en contexte scolaire. Les parents doivent être conscients de l'influence que la société exerce sur la façon dont leur enfant perçoit l'école en général, les matières qu'il doit apprendre et les activités qui lui sont proposées en classe. Leur premier défi consiste sûrement à aider leur enfant à relativiser les critiques souvent injustifiées qui sont

formulées à l'égard de l'école et des enseignants. Comment un enfant peut-il apprécier son école si tout ce qu'on en dit est négatif et sujet à scandale ? Il revient à ses parents de l'aider à faire la part des choses.

L'INFLUENCE DE L'ÉCOLE

Même si les élèves passent la majorité de leur journée en classe, on ne doit pas oublier que la classe fait partie d'une école et que cette dernière transmet des valeurs et impose des règles à tous les élèves. Le projet éducatif de l'école, élaboré et adopté de concert avec les parents, a une incidence sur les priorités de travail du personnel, l'attribution des budgets, le choix des projets spéciaux, etc. En outre, il imprime un style aux approches éducatives adoptées par les intervenants. Chaque école fait en sorte que ses élèves acquièrent certaines valeurs en particulier. Par exemple, on peut privilégier dans une école des valeurs comme la responsabilisation de l'élève, le développement de son autonomie, alors que, dans une autre, l'obéissance et la discipline seront les valeurs retenues.

La discipline dans la cour de récréation et dans les couloirs, les horaires, les règlements concernant l'habillement, l'attitude des responsables face aux retards et aux absences, tous ces règlements ont un effet sur la motivation des élèves. Par exemple, à l'école secondaire, le fait de passer toutes les 50 ou 75 minutes à une autre matière et l'obligation de changer d'enseignant et de classe plusieurs fois par jour peuvent démobiliser certains élèves.

Les décrocheurs sont probablement ceux que l'organisation de l'école démotive le plus. Dans son ouvrage sur le décrochage scolaire[4], Louise Langevin, professeure à l'Université du Québec à Montréal, cite un rapport de la Fédération des commissions scolaires catholiques du Québec concluant que :

---

[4] Louise Langevin. *L'abandon scolaire : on ne naît pas décrocheur*, Montréal, Les Éditions Logiques, 1994, p. 53.

Tant chez les élèves témoins que chez les «dropouts», la possibilité de s'affirmer à l'école, d'entretenir des relations humaines satisfaisantes avec les adultes de l'école, les méthodes pédagogiques, l'organisation des activités para-scolaires, les lieux réservés pour la vie sociale, la façon de gérer l'école, le climat de l'école polyvalente ne satisfont la plupart du temps qu'environ 50 % à 60 % des élèves et des «dropouts». D'après nous, l'école devrait satisfaire plutôt les trois quarts des élèves que la moitié. En un mot, le vécu scolaire est de piètre qualité.

Cette réalité est particulièrement vécue dans les écoles secondaires. Anderman et Maehr, de l'Université du Michigan, ont comparé les traits de personnalité des adolescents au style de vie qui leur est proposé dans les écoles secondaires américaines (tableau 2.1). L'absence d'harmonie qu'on observe entre les attentes des adolescents et ce qu'on leur propose dans les écoles est sûrement l'un des facteurs susceptibles d'expliquer la démotivation de nombre d'entre eux.

L'INFLUENCE DE LA CLASSE

Comme nous l'avons souligné précédemment, les facteurs reliés à la classe sont probablement ceux qui, avec les facteurs reliés à la famille, influent le plus sur la motivation de la majorité des élèves. Dans une classe, un grand nombre de facteurs peuvent agir sur la motivation des élèves, mais quatre d'entre eux prédominent : l'enseignant lui-même, les activités proposées aux élèves, l'évaluation et le système de récompenses et de punitions.

Il est important, pour les parents, de bien connaître ces quatre facteurs, car ils influent non seulement sur la motivation de leurs enfants à l'école mais également sur leur volonté de poursuivre leurs travaux à la maison. Commençons donc par montrer comment l'enseignant peut modifier les perceptions des élèves et, par conséquent, leur motivation.

Tableau 2.1

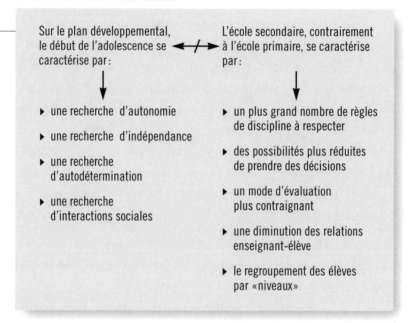

LE CONTEXTE SCOLAIRE AU SECONDAIRE ET LA DÉMOTIVATION DE L'ÉLÈVE

Sur le plan développemental, le début de l'adolescence se caractérise par :

- une recherche d'autonomie
- une recherche d'indépendance
- une recherche d'autodétermination
- une recherche d'interactions sociales

L'école secondaire, contrairement à l'école primaire, se caractérise par :

- un plus grand nombre de règles de discipline à respecter
- des possibilités plus réduites de prendre des décisions
- un mode d'évaluation plus contraignant
- une diminution des relations enseignant-élève
- le regroupement des élèves par «niveaux»

Source: Anderman, E. M., et Maehr, M. L. «Motivation and schooling in the middle grades», *Review of Educational Research,* vol. 64, 1994, p. 287-309.

L'enseignant

Chacun d'entre nous peut sans doute se rappeler un cours qui l'a intéressé lorsqu'il était sur

> Encore aujourd'hui, l'enseignant demeure un des principaux facteurs de motivation ou de démotivation des élèves.

les bancs de l'école. Or, si l'on examinait les sources de cet intérêt, la grande majorité d'entre nous l'attribueraient à l'enseignant. Encore aujourd'hui, l'enseignant demeure un des principaux facteurs de motivation ou de démotivation des élèves. En effet, pour expliquer leur intérêt pour un cours, les élèves invoquent souvent le fait que le professeur est captivant, qu'il explique bien, qu'il est facile à comprendre, motivé, souriant, calme, qu'il fait des blagues, etc. Lorsqu'on étudie ces commentaires, on constate que la compétence du professeur, sa motivation au travail et ses traits de personnalité (par exemple son humour et son sens de la justice) sont des caractéristiques susceptibles d'accroître la motivation des élèves.

Un enseignant peut également être responsable de la perte de motivation observée chez ses élèves. Un enseignant qui n'aime pas sa matière, qui ne réussit pas à se faire respecter ni estimer par ses élèves ou qui ne respecte pas ses élèves est un enseignant démotivant. Lorraine Savoie-Zajc, professeure à l'Université du Québec à Hull, a interviewé 15 élèves qui risquaient d'abandonner leurs études. Or, ces élèves lui ont révélé que l'une des principales causes de leur désaffection à l'égard de l'école était l'attitude du professeur. Le tableau 2.2 présente les qualités d'un bon professeur du point de vue de ces élèves, et les comportements qu'ils constatent chez les professeurs «pas corrects».

Les jugements que les enseignants portent sur leurs élèves peuvent également contribuer à les démotiver. En effet, plusieurs recherches ont démontré que certains enseignants sont portés inconsciemment à critiquer plus souvent les élèves qu'ils jugent faibles et démotivés, à les faire asseoir loin d'eux, à avoir peu de contacts avec eux, à se contenter de réponses inadéquates de leur part et à leur manifester de la pitié lorsqu'ils échouent. Face à de tels comportements, les élèves qui sont jugés faibles et démotivés ne font aucun effort pour apprendre, car ils savent que l'enseignant ne les interroge jamais et ne leur adresse la parole que pour les réprimander. Ces élèves entrent donc dans le cercle vicieux suivant: n'étant pas encouragés à travailler, ils ne sont pas portés à travailler et, ne travaillant pas, ils deviennent encore plus faibles, ce qui confirme la mauvaise opinion que l'enseignant a d'eux. Comment les enseignants peuvent-ils briser ce cercle vicieux? Lorsque nous animons des ateliers de perfectionnement, nous leur suggérons les moyens suivants:

> **Certains enseignants sont portés inconsciemment à critiquer plus souvent les élèves qu'ils jugent faibles et démotivés.**

▸ exprimer aux élèves faibles et démotivés la confiance qu'ils ont en leur capacité de réussir;

Tableau 2.2

LE PORTRAIT DE L'ENSEIGNANT, REVU ET CORRIGÉ PAR LES ÉLÈVES

UN PROFESSEUR «CORRECT»	UN PROFESSEUR «PAS CORRECT»
▸ est vrai, simple ;	▸ n'est pas motivé ;
▸ a le sens de l'humour ;	▸ est dominateur ;
▸ est capable de faire confiance aux élèves ;	▸ est vieux jeu ;
▸ n'a pas de préjugés à leur égard ;	▸ n'aime pas son travail ;
▸ encourage les élèves ;	▸ commet des injustices à l'égard de certains élèves ;
▸ est capable d'oublier ses problèmes personnels ;	▸ a des préjugés ;
▸ reconnaît ses erreurs ;	▸ se concentre uniquement sur la matière ;
▸ sait stimuler les élèves pour qu'ils apprennent ;	▸ n'accepte pas que les élèves puissent s'entraider ;
▸ rend ses cours intéressants ;	▸ n'enseigne pas bien ;
▸ est moins sévère ;	▸ traite les élèves comme des enfants ;
▸ incite les élèves à travailler en équipe ;	▸ fait travailler les élèves sans arrêt.
▸ se préoccupe de la réussite de tous ;	
▸ sait reconnaître et traiter les problèmes d'apprentissage ;	
▸ a recours à des stratégies pédagogiques variées ;	
▸ connaît sa matière à fond.	

Source : Savoie-Zajc, L. « Le discours sur l'école de jeunes identifiés à risque de décrochage » dans *L'abandon scolaire : On ne naît pas décrocheur !* de Louise Langevin, Montréal, Éditions Logiques, 1994, p. 91-92.

▸ éviter de créer des situations de compétition dans lesquelles ces élèves ne peuvent que perdre ;

▸ éviter de réprimander ces élèves devant leurs camarades ;

▸ éviter de leur exprimer de la pitié à la suite d'un échec ;

▸ leur accorder autant d'attention qu'aux étudiants forts ;

▸ montrer à ces élèves que leur enseigner représente un défi qui les enthousiasme et qu'ils ont à cœur leur réussite.

Les activités en classe

Dans les écoles des États-Unis, les élèves font un minimum de 10 activités par jour. Ainsi, à la fin du secondaire, ils ont accompli au moins 20 000 activités. Un fort pourcentage de ces activités se résume à écouter un professeur qui s'efforce de transmettre sa matière à l'ensemble de la classe. De telles activités peuvent-elles contribuer à motiver les élèves d'aujourd'hui, habitués à bouger, à manipuler et à interagir? On peut en douter. D'ailleurs, Scott Paris, de l'Université du Michigan, et Julianne Turner, de l'Université d'État de Pennsylvanie, qui ont fait le calcul qui suit, affirment avec un brin de malice que[5]:

> Si la majorité des 20 000 activités dictées par les professeurs sont peu exigeantes sur le plan cognitif et consistent pour la plupart à faire ce qu'un adulte demande, on devrait chercher à savoir pourquoi tant d'élèves restent à l'école et non pourquoi il y a tant de décrocheurs.

Une activité scolaire doit au moins offrir aux élèves un défi à relever, leur permettre de faire des choix et les inciter à collaborer les uns avec les autres.

Ces mêmes chercheurs ont tenté de déterminer quels «ingrédients» devaient se retrouver dans une activité scolaire pour qu'elle puisse susciter l'intérêt des élèves. Ils ont découvert qu'elle doit au moins offrir aux élèves un défi à relever, leur permettre de faire des choix et les inciter à collaborer les uns avec les autres. Dans cette perspective, un travail de recherche ou un projet en équipe sont des activités susceptibles de motiver davantage les élèves que ne le feraient des exposés de l'enseignant devant sa classe.

On devrait également établir des critères de qualité en ce qui a trait aux devoirs et aux leçons. En effet, au lieu de se contenter de donner aux élèves une série d'exercices obligatoires ou des problèmes semblables à ceux qu'ils ont faits à l'école durant la journée, l'ensei-

---

[5] Paris, S. G., et Turner, J. C. «Situated Motivation» dans *Student Motivation, Cognition, and Learning*, de Pintrich, P.R., Brown, D.R., et Weinstein, C.E., Hillsdale (N.J.), Lawrence Erlbaum, 1994, p. 213-237.

gnant devrait leur proposer davantage de projets qui représenteraient pour eux des défis, leur accorderaient une certaine liberté d'action et leur donneraient la possibilité de travailler en équipe.

L'évaluation

On oublie souvent que l'école est un lieu où les enfants font constamment l'objet d'évaluations. Il n'est pas rare de voir des élèves passer trois ou quatre tests par semaine, de la petite dictée jusqu'à l'examen en bonne et due forme. Même si certains tests sont moins importants que d'autres, ils ont un point en commun, celui d'attribuer une note à l'élève.

Les activités d'évaluation sont nécessaires pour aider les enfants à s'améliorer, mais est-ce qu'on les motive en notant si fréquemment leurs travaux ? Si l'on se fie aux recherches sur la motivation, le système de notation motive les élèves forts et démotive les élèves considérés comme moyens ou faibles. D'ailleurs, se voyant constamment obtenir de mauvais résultats et réprimander, ces élèves sont amenés à considérer l'école non pas comme un lieu d'apprentissage, mais comme un tribunal où ils sont constamment mis au banc des accusés en raison des fautes qu'ils ont faites et pour lesquelles ils méritent un blâme.

Il faut bien comprendre que ce n'est pas le fait de recevoir des commentaires sur leurs travaux qui démotive les élèves moyens ou faibles, mais les comparaisons et la compétition qui en résultent. C'est pour cette raison que la notation motive les élèves forts : ayant de bonnes chances de « gagner » et de recevoir des gratifications pour leur performance, ces élèves se sentent motivés lorsqu'il s'agit d'entrer en compétition avec les autres élèves.

> Ce n'est pas le fait de recevoir des commentaires sur leurs travaux qui démotive les élèves moyens ou faibles, mais les comparaisons et la compétition qui en résultent.

D'ailleurs, les adultes n'ont-ils pas les mêmes comportements lorsqu'on leur propose de participer à une compétition ? Ceux qui ont de bonnes chances de gagner y participent avec joie et entrain, alors que ceux qui sont sûrs de perdre sont portés à invoquer toutes sortes de raisons pour se désister. Or, dans le système scolaire, les élèves ne peuvent refuser de participer même s'ils n'ont aucun espoir de gagner.

Certains parents valorisent la comparaison et la compétition à la maison. Ils devraient remettre en question le bien-fondé de cette attitude s'ils désirent aider leur enfant à développer sa motivation à l'école. Quant aux enseignants, ils n'ont pas le choix, car le système scolaire les oblige à attribuer des notes. Certains d'entre eux trouvent le moyen de réduire l'effet négatif de la notation sur la motivation de leurs élèves. Pour ce faire, ils vont, par exemple:

▸ choisir des objets d'évaluation qui permettent de constater le progrès accompli (par exemple le *portfolio*[6]) plutôt que de mesurer seulement l'état des connaissances ou l'atteinte des objectifs (les examens);

▸ formuler des commentaires sur les travaux des élèves plutôt que de se limiter à les noter;

▸ inciter les élèves à s'autoévaluer;

▸ reconnaître l'effort déployé par les élèves;

▸ amener une collaboration entre les élèves plutôt que de les inciter à se livrer une compétition et à comparer leurs performances.

Le système de récompenses et de punitions

En général, les récompenses que l'on donne à l'école procurent à l'élève des avantages matériels (monnaie scolaire, prix, rubans d'honneur, par exemple), des avantages moraux (félicitations, approbations,

---

[6] Le portfolio est un recueil des principaux travaux scolaires de l'enfant. Il a pour but de garder des traces des principales réalisations de ce dernier afin de lui faire prendre conscience, à des moments opportuns (dans des moments de découragement, par exemple), de tous les apprentissages qu'il a déjà accomplis.

par exemple), ou encore des privilèges (congé de devoirs et de leçons, temps libre, visionnement d'un film, par exemple). Quant aux punitions, elles consistent soit dans l'absence ou le retrait des récompenses attendues, soit dans des réprimandes, soit dans des activités punitives comme la retenue après les heures de classe. Les notes attribuées à un travail ou apparaissant dans un bulletin constituent également, pour beaucoup d'élèves, une récompense ou une punition. Un grand nombre d'enseignants et de parents croient qu'ils peuvent motiver leurs élèves en utilisant un système de récompenses et de punitions. En fait, les récompenses et les punitions motivent-elles vraiment les élèves ?

Les récompenses et les punitions sont efficaces seulement pour une partie des élèves ; pour la majorité d'entre eux, cependant, elles ont des effets négatifs. Carole Ames, de l'Université du Michigan, prétend que les récompenses ont un effet positif uniquement à court terme ; à son avis, elles nuisent à la longue à la motivation, car elles empêchent les élèves de faire des expériences et de prendre des risques dans le cadre de leur apprentissage. En effet, les élèves sont tentés de ne faire que le strict nécessaire pour obtenir la récompense annoncée ou pour éviter une réprimande. Pour illustrer ces propos, cette chercheure raconte une anecdote tirée de ses propres observations[7].

> Chaque semaine, une enseignante du primaire demandait à ses élèves d'apprendre dix mots nouveaux et leur annonçait qu'à la fin de la semaine elle allait leur faire passer un test pour vérifier s'ils en connaissaient bien l'orthographe. En guise de récompense, elle donnait une étoile à ceux qui réussissaient à écrire correctement ces dix mots et elle inscrivait leurs noms sur une affiche où l'on voyait un ballon de football franchir la zone des buts. À chaque test, pour amener ses élèves à se dépasser, l'enseignante leur proposait de relever le défi d'écrire correctement trois mots qu'ils n'avaient pas encore appris et qu'ils allaient voir la semaine

[7] Ames, C., et Ames, R.C. «Motivation and effective teaching» dans *Educational Values and Cognitive Instruction : Implication to Reform*, de Idol, L., et Fly Jones, B., Hillsdale (N.J.), Lawrence Erlbaum, 1991, p. 247-271.

suivante. Bien sûr, cette partie du test n'était pas notée. Or, l'enseignante constatait à son grand désarroi que les élèves osaient très rarement relever le défi qu'elle leur proposait. En questionnant les enfants, elle comprit vite qu'ils n'osaient pas écrire ces trois mots pour ne pas risquer de voir leur nom retiré de l'affiche et de ne pas obtenir leur étoile, et ce, même s'il était clair que cet exercice n'était pas noté.

Cette anecdote montre bien qu'un système de récompenses peut contribuer à détourner l'attention de certains élèves en les amenant à prendre le moins de risques possible, de peur de ne pas avoir la note maximale et de ne pas obtenir la récompense qui s'y rattache.

Les enseignants devraient également s'interroger sur l'opportunité de donner, à titre de récompense, des congés de devoirs et de leçons aux élèves. Ce mode de récompense ne fait qu'ancrer chez l'élève l'idée selon laquelle l'étude et les devoirs sont des tâches désagréables. Ce type de récompense crée aussi de la confusion chez l'élève: d'une part, l'enseignant le récompense en le dispensant de devoirs et de leçons, mais, d'autre part, il tente de le convaincre que l'étude à la maison est essentielle à la réussite. Devant un discours aussi paradoxal, peut-on blâmer les élèves de douter de la sincérité des professeurs?

> Les enseignants devraient également s'interroger sur l'opportunité de donner, à titre de récompense, des congés de devoirs et de leçons aux élèves. Ce mode de récompense ne fait qu'ancrer chez l'élève l'idée selon laquelle l'étude et les devoirs sont des tâches désagréables.

En ce qui concerne les punitions, les enseignants doivent éviter de demander à l'élève de copier des dizaines de fois une formule mathématique ou de recopier des pages entières du dictionnaire, car cela l'incitera à associer punition et activités d'apprentissage. C'est la raison pour laquelle certains élèves finissent par détester faire des exercices de mathématiques, écrire des textes ou chercher des mots dans le dictionnaire; ces tâches leur rappellent de mauvais souvenirs. Si un enseignant est obligé d'établir un système de punitions dans sa classe pour enrayer l'indiscipline, il est essentiel que ses élèves sachent qu'ils

sont punis pour des raisons qui ne sont pas reliées aux erreurs qu'ils font en apprenant.

Chez les chercheurs, les avis sont partagés en ce qui concerne l'effet des récompenses (par exemple des jetons et des autocollants) et des punitions sur la motivation. Mais tous sont unanimes à affirmer que l'encouragement et la reconnaissance du travail accompli constituent l'une des stratégies les plus efficaces pour amener les élèves à explorer des domaines de connaissances et à développer leur curiosité intellectuelle.

L'INFLUENCE DE LA FAMILLE

En 1985, un chercheur américain a interviewé des professionnels qui avaient réussi dans leur carrière, afin de voir s'il existait des constantes touchant l'éducation qu'ils avaient reçue. Or, le principal point commun qui existait entre la majorité de

> **L'environnement familial créé par les parents est à la base du désir d'apprendre chez l'enfant.**

ces professionnels était l'engagement et la participation des parents dans leur éducation. Cette recherche démontre une fois de plus que l'environnement familial créé par les parents est à la base du désir d'apprendre chez l'enfant.

Bon nombre de parents se sentent coupables de ne pas consacrer à l'éducation de leurs enfants autant de temps qu'ils le souhaiteraient. Il est vrai qu'il est parfois très difficile pour les parents de concilier toutes leurs obligations. Un horaire de travail incompatible avec celui de l'école, l'épuisement dû au travail, la garde partagée, les inquiétudes quant à la sécurité d'emploi, et bien d'autres facteurs expliquent qu'ils n'ont pas toujours le temps et l'énergie nécessaires pour s'occuper de l'éducation de leurs enfants. Que peuvent donc faire les parents?

Dans la deuxième partie de cet ouvrage, nous présenterons et illustrerons à l'aide d'exemples des moyens auxquels les parents peuvent avoir recours pour utiliser de façon optimale le temps dont ils disposent, afin que la maison devienne un lieu qui favorise la poursuite des apprentissages entrepris à l'école. Mais, pour l'instant, étudions les conclusions d'une recherche américaine qui avait pour but d'examiner l'environnement familial d'élèves du secondaire et de l'université qui, tout en provenant de milieux socio-économiques défavorisés, étaient considérés comme les meilleurs de leur classe. On a résumé en 10 points les principales caractéristiques de l'environnement familial de ces étudiants.

Les parents se sentent responsables de l'éducation de leur enfant. Ils assument leurs responsabilités dans l'apprentissage scolaire de celui-ci. Ils ne se sentent pas dépassés par les événements. Ils ne se contentent pas d'écouter les problèmes de leur enfant: ils les partagent et tentent avec lui de les résoudre. Ils font de la maison un milieu où l'enfant se sent soutenu et en sécurité.

Les parents encouragent leur enfant à poursuivre ses études. Ils croient que leur enfant a une grande part de responsabilité dans les apprentissages qu'il fait à l'école. Ils considèrent qu'il lui revient de participer activement en classe, de faire sérieusement ce qui lui est demandé. Ils ne communiquent pas leurs attentes sous forme d'exigences, mais de souhaits.

Les parents entretiennent de l'espoir quant à l'avenir de leur enfant. Ils communiquent avec leur enfant et discutent avec lui de leur façon de voir son avenir. Ils l'aident à transformer ses idéaux en buts concrets et à déterminer les étapes à franchir pour les atteindre.

Les parents considèrent que le travail est la clé du succès. Ils réussissent à transmettre à leurs enfants, tant par leurs paroles que par leurs actes, leur conviction selon laquelle l'effort et la persévérance ne sont jamais vains. Pour eux, le succès n'est pas seulement une question de talent, mais de détermination.

La vie dans la maison est active. Les parents organisent des activités et y participent avec leur enfant. Ils l'encouragent à profiter des services qu'offrent l'école et la communauté (par exemple la bibliothèque municipale). Les parents savent où est leur enfant et l'encouragent à avoir des amis qui partagent les mêmes valeurs qu'eux. Ils réussissent à lui faire sentir qu'on doit participer à la vie, et non la subir.

Les parents consacrent de 25 à 35 heures à l'éducation générale de leur enfant. Certaines de ces heures servent à aider leur enfant à faire ses devoirs et ses leçons. Toutefois, ces parents considèrent également que l'éducation se poursuit dans les périodes consacrées à la détente, aux activités sportives, à l'écoute de la télévision, à l'exécution des tâches domestiques, etc. Pour eux, tous ces moments sont propices à l'éducation de leur enfant.

Les règlements de la maison sont clairement énoncés et se doivent d'être respectés. Les parents prennent la peine de justifier les règlements qu'ils mettent en vigueur. Ils donnent la possibilité à l'enfant d'expliquer son point de vue et de suggérer des solutions, de façon à ce qu'il puisse développer son sens des responsabilités. Ils appliquent les règlements avec honnêteté et cohérence.

Les parents communiquent souvent avec les enseignants. Ils participent aux rencontres de parents à l'école. Ils coopèrent avec les enseignants plutôt que de les contester. Ils créent avec les enseignants une unité d'esprit afin que l'enfant ne ressente pas de malaises. Pour l'enfant, il existe une continuité et un lien entre les valeurs que lui inculquent ses enseignants et ses parents.

Une place importante est faite à la croissance spirituelle de l'enfant. Les parents encouragent leur enfant à adopter des valeurs telles que la paix, la collaboration, l'amour et le respect d'autrui. Ils communiquent leur foi en des valeurs humanitaires.

Conclusion

Nous venons de voir qu'une foule de facteurs agissent sur la motivation d'un enfant en milieu scolaire. Les facteurs relatifs à la famille font partie de ceux qui influent le plus sur la motivation des enfants. Les chapitres 4 à 6 fourniront des suggestions aux parents afin que ces facteurs suscitent la motivation de leur enfant, plutôt que d'entraîner sa démotivation. Mais, auparavant, posons-nous une dernière question : Comment peut-on savoir si son enfant est désireux d'apprendre à l'école ?

Chapitre 3

COMMENT DÉTERMINER
SI SON ENFANT EST MOTIVÉ ?

L a motivation est un phénomène intrinsèque, qu'on ne peut percevoir directement. On n'en observe que les manifestations. Par exemple, on peut juger que son enfant est motivé parce qu'il semble heureux d'aller à l'école le matin, qu'il raconte avec enthousiasme ce qu'il y a appris et qu'il fait ses devoirs et ses leçons sans trop rechigner. Ces manifestations sont de bons indices de la motivation, mais ils peuvent également être trompeurs. En effet, un élève peut avoir hâte d'aller à l'école non pas pour apprendre, mais pour rencontrer ses amis, pour prendre part aux récréations, aux activités artistiques ou aux activités d'éducation physique. D'autres élèves peuvent décrire avec animation ce qu'ils ont appris dans une matière, mais passer sous silence le peu d'intérêt qu'ils éprou-

> La motivation est un phénomène intrinsèque, qu'on ne peut percevoir directement.

vent pour d'autres matières. C'est ainsi que certains parents sont surpris lorsque l'enseignant leur téléphone pour leur dire que l'enfant dérange les autres élèves dans la classe et ne met aucune application dans son travail.

LES INDICES DE LA MOTIVATION D'UN ENFANT À L'ÉCOLE

Si l'on désire avoir une idée plus juste de la motivation de son enfant, il convient d'utiliser de bons indices. Les chercheurs en pédagogie proposent quatre indices pour déterminer si un élève est motivé : le choix d'apprendre, la persévérance, le degré d'engagement et le niveau de réussite dans les études. Examinons ces indices et essayons de voir comment ils se manifestent chez l'enfant.

Indice 1 : L'enfant motivé choisit d'apprendre

On constate qu'un enfant choisit d'apprendre lorsqu'il ne rechigne pas devant l'obligation de faire ses devoirs et ses leçons, décide de finir ses travaux avant d'entreprendre d'autres activités et ne se laisse pas distraire par des occupations comme regarder la télévision.

> Les élèves démotivés sont inactifs ou feignent d'accomplir ce qu'on leur demande en recourant à des stratégies d'évitement.

On peut penser que ces choix sont inévitables puisque les enfants sont obligés d'aller à l'école et de faire leurs devoirs et leurs leçons. En réalité, en observant des élèves en classe, on a constaté que ceux qui sont démotivés sont inactifs ou feignent d'accomplir ce qu'on leur demande en recourant à des stratégies d'évitement. Une stratégie d'évitement est un comportement qu'on adopte pour éviter de s'engager dans une activité ou pour retarder le moment où on devra l'accomplir. En somme, cela consiste à tout faire pour ne rien faire.

Micheline Lebeau-Gagnon, enseignante, a recensé plus de 50 stratégies utilisées par ses élèves pour se dérober à des travaux qu'elle leur demandait ou pour en retarder l'exécution. Voici quelques-unes de ces stratégies : regarder des images dans le dictionnaire, se lever plusieurs fois pour tailler un crayon, repasser avec le crayon sur des mots déjà écrits, demander des explications inutiles, obliger le professeur à répéter ses consignes, etc.

À la maison, les enfants démotivés utilisent d'autres moyens de résistance. Le tableau 3.1 présente les principales stratégies d'évitement utilisées par les enfants à l'école et à la maison.

Soulignons que l'utilisation sporadique de stratégies d'évitement n'est pas un indice de démotivation, car tous les enfants adoptent de temps à autre

> Si un enfant a recours chaque jour à une ou plusieurs stratégies d'évitement, on peut penser qu'il est démotivé.

des stratégies d'évitement. Toutefois, si un enfant prend l'habitude de recourir chaque jour à une ou plusieurs stratégies d'évitement, on peut penser qu'il est démotivé.

Indice 2 : L'enfant motivé persévère dans ses études

La persévérance est probablement l'indice de motivation que les parents auront le plus de facilité à observer. « Il travaille fort », « il fait beaucoup d'efforts », « il passe beaucoup de temps à ses devoirs et à ses leçons » sont des expressions couramment

> Un enfant démontre peu de motivation s'il fait toujours ses devoirs et ses leçons à la hâte, s'arrête à tout moment ou refuse de faire tous les exercices demandés sous prétexte qu'en faire un suffit.

Tableau 3.1

LES STRATÉGIES D'ÉVITEMENT UTILISÉES PAR LES ENFANTS À L'ÉCOLE ET À LA MAISON

À L'ÉCOLE	À LA MAISON
▸ oublier ses livres et ses cahiers ;	▸ oublier ses livres et ses cahiers ;
▸ tailler son crayon ;	▸ retarder le moment de commencer ses devoirs et ses leçons ;
▸ aller constamment aux toilettes ;	▸ se dire occupé à quelque chose de plus important que ses travaux scolaires ;
▸ parler avec un autre élève ;	
▸ provoquer un temps d'attente ;	▸ raconter des anecdotes à ses parents pour créer de la diversion ;
▸ prétendre qu'il ne comprend pas ;	
▸ demander des explications inutiles ;	▸ déranger les autres pour se faire réprimander et s'isoler ;
▸ soutenir qu'il ne sait pas ce qu'il faut faire ;	▸ demander des explications inutiles ;
▸ se placer en file pour faire corriger un travail bâclé ;	▸ se déclarer fatigué ou malade ;
▸ prendre son temps ;	▸ se laisser distraire par ses frères et sœurs et les accuser par la suite de le déranger ;
▸ mal travailler ;	
▸ se dire malade ;	▸ se dire prêt à accomplir des tâches familiales (par exemple le rangement de sa chambre) au moment où il devrait faire ses devoirs et ses leçons ;
▸ jouer avec ses vêtements, avec ses doigts, etc.	
	▸ jouer avec son chien ou son chat, ou regarder la télévision ;
	▸ jouer avec ses vêtements, avec ses doigts, etc.

utilisées par les parents pour indiquer que leur enfant travaille avec persévérance. Un élève est motivé s'il consacre tout le temps nécessaire à ses devoirs et à ses leçons et n'hésite pas à fournir des efforts supplémentaires pour effectuer un travail plus long ou des exercices qui lui permettront de mieux comprendre la matière. Par contre, un enfant démontre peu de motivation s'il fait toujours ses devoirs et ses leçons à la hâte, s'arrête à tout moment ou refuse de faire tous les exercices demandés sous prétexte qu'en faire un suffit.

Les parents ne doivent cependant pas tomber dans le piège qui consiste à évaluer la motivation de l'enfant en la comparant à l'acharnement qu'eux-mêmes démontrent au travail. Certains parents considèrent en effet que leur enfant devrait travailler autant qu'eux. On doit se rappeler que la persévérance est une conséquence de la motivation ; si l'on veut que l'enfant travaille fort, il faut l'aider à se motiver plutôt que de lui reprocher de ne pas fournir suffisamment d'efforts.

La persévérance est sans contredit un indice important de la motivation ; plus un enfant consacre du temps à ses travaux scolaires, plus il a des chances de réussir. Toutefois, il ne suffit pas de passer des heures à travailler pour garantir la réussite. Si un enfant est distrait pendant qu'il effectue ses devoirs et ses leçons, il n'apprendra pas : pour qu'il réussisse, il faut de plus qu'il soit engagé dans ses études.

Indice 3 : L'enfant motivé s'engage dans ses études

« Mon enfant est concentré lorsqu'il fait ses devoirs et ses leçons » ou « L'enseignant dit qu'il est très attentif en classe » sont des expressions que l'on utilise fréquemment pour décrire le degré d'engagement démontré par l'enfant dans ses études. Les chercheurs ont distingué deux niveaux : l'engagement superficiel et l'engagement en profondeur.

Un élève dont **l'engagement est superficiel** fait le minimum demandé et se limite la plupart du temps à mémoriser les divers éléments de la matière sans chercher à les assimiler. En fait, il accomplit ce qu'on lui demande, sans trop se préoccuper de comprendre ce qu'il fait.

Au contraire, un élève qui **s'engage en profondeur** ne se limite pas à mémoriser ce qu'il a à apprendre : il essaie de le comprendre. Pour y arriver, il organise la matière à sa façon en se faisant des tableaux et des schémas, il n'hésite pas à consulter le dictionnaire et les encyclopédies et ne se gêne pas pour poser des questions à son professeur, en classe, et à ses parents, à la maison.

Il ne faut pas rejeter la mémorisation comme moyen d'apprendre, car la plupart des matières exigent que l'on sache par cœur certains éléments. Les tables de multiplication, l'alphabet, le tableau périodique des éléments chimiques ne sont

> **Apprendre consiste à se souvenir, mais aussi à comprendre et à pouvoir expliquer.**

que quelques exemples d'informations de base que tout élève désireux d'acquérir des connaissances plus complexes doit connaître. Toutefois, des problèmes surviennent lorsque l'élève essaie de tout mémoriser, même les éléments de la matière qu'il a besoin de bien saisir. Apprendre consiste à se souvenir, mais aussi à comprendre et à pouvoir expliquer. Trop axer l'apprentissage sur la mémorisation pourrait conduire à des échecs lorsqu'il est nécessaire de comprendre la matière pour réussir. Or, les échecs engendrent la démotivation.

Indice 4 : L'enfant motivé réussit dans ses études

Il est généralement reconnu que la motivation influe sur la réussite. Cependant, on constate que certains enfants réussissent sans trop de motivation et avec un minimum d'effort. La plupart du temps, ces derniers se fient à leurs grandes capacités de mémorisation. C'est pour cette raison que la réussite ne peut constituer l'indice unique permettant de juger du niveau de motivation de l'enfant. L'engagement et la persévérance sont souvent des indices plus valables.

De plus, les parents ne doivent pas conclure que leur enfant est motivé s'il obtient une note élevée. Par exemple, une note de 80 peut être considérée comme élevée, mais elle peut susciter une baisse de motivation si elle est inférieure aux notes des bulletins précédents. À l'inverse, une note de 70 peut constituer un bon indice de motivation si, dans les bulletins précédents, l'enfant avait des notes plus faibles.

De plus, le bulletin n'est pas le seul outil dont on dispose pour juger de la performance de son enfant. L'examen de ses travaux ou les commentaires de ses enseignants à propos de ceux-ci sont également de bons moyens de juger de sa réussite et de sa motivation dans ses études.

Enfin, il ne faut pas oublier que le degré de réussite que l'enfant s'estime capable d'atteindre influe sur la perception qu'il a de sa compétence, et cette dernière est une des principales sources de sa motivation. Par exemple, un succès mérité prouvera à l'enfant qu'il pos-

> La performance n'est pas seulement un indice de motivation ; elle est également, de façon indirecte, une source de motivation.

sède les capacités nécessaires pour réussir, ce qui aura probablement pour effet de l'inciter davantage à poursuivre ses apprentissages. Un échec peut malheureusement avoir l'effet inverse et amener l'enfant à se juger incapable de réussir, ce qui aura des répercussions sur sa motivation et diminuera la persévérance et l'engagement dont il fait preuve dans ses études. Les enseignants, comme les parents et comme tous les intervenants en milieu scolaire, doivent donc être sensibles au fait que la performance n'est pas seulement un indice de motivation ; elle est également, de façon indirecte, une source de motivation.

CONCLUSION

Nous venons de présenter les quatre indices permettant de juger du degré de motivation d'un enfant. Il est déconseillé de se baser sur un indice unique. Le recours aux quatre indices donnera un portrait plus précis de la motivation. Par ailleurs, il ne faudra pas oublier que la motivation est un phénomène dynamique qui varie selon les circonstances et les événements qui surviennent dans la vie de l'enfant. C'est donc dire que le portrait motivationnel que l'on peut dégager à une étape donnée ne sera pas nécessairement valable à l'étape suivante.

Pour faciliter la tâche des parents, nous proposons, pour terminer ce chapitre, une série de questions se rapportant aux quatre indices. La recherche des réponses à ces questions aidera les parents à se faire une idée plus juste du degré de motivation de leur enfant.

Le choix d'apprendre

▸ Mon enfant trouve-t-il continuellement des raisons et des excuses pour éviter de faire ses devoirs et ses leçons ou pour les remettre à plus tard?

▸ Rechigne-t-il souvent à faire ses devoirs et ses leçons?

▸ Consacre-t-il son temps d'étude à une seule matière, et néglige-t-il de ce fait les autres matières?

La persévérance

▸ Le temps que mon enfant consacre à ses devoirs et à ses leçons lui permet-il de les faire correctement?

▸ Est-il fréquemment en retard dans ses travaux scolaires?

▸ Travaille-t-il de façon régulière (par exemple tous les soirs) ou sporadique?

▸ Abandonne-t-il rapidement devant une tâche qui s'avère difficile?

L'engagement

▸ Mon enfant cherche-t-il à comprendre ce qu'il apprend, ou se limite-t-il à vouloir tout mémoriser?

▸ Semble-t-il concentré et attentif lorsqu'il fait ses devoirs et ses leçons ou est-il plutôt distrait?

▸ S'efforce-t-il de trouver un lieu de travail qui lui permettra de bien se concentrer?

▸ Choisit-il de travailler aux heures qu'il sait propices à sa concentration?

La performance

▸ Les notes du bulletin de mon enfant sont-elles plus faibles que celles qu'il a obtenues dans les bulletins précédents ?

▸ Ses travaux sont-ils bien faits ?

▸ Est-il fier de ses résultats scolaires ou en éprouve-t-il de la gêne ?

▸ Son enseignant est-il satisfait de son travail ?

partie 2

AIDER SON ENFANT À SE MOTIVER À L'ÉCOLE

L a première partie de cet ouvrage avait une orientation théorique, puisqu'il s'agissait de définir la motivation en milieu scolaire. La seconde partie vise un objectif pratique, soit celui de proposer une série d'idées, de moyens et de stratégies pour aider l'enfant à se motiver à l'école.

Nous conseillons aux parents qui désirent intervenir pour accroître la motivation de leur enfant de commencer par vérifier dans quelle mesure ce dernier est motivé ou démotivé. À ce propos, le chapitre 3 et la série de questions proposées en conclusion peuvent leur être utiles. Par la suite, si l'on conclut que l'enfant est démotivé, il serait important de tenter d'en découvrir les raisons ou les causes. Pour y arriver, le chapitre 2, où l'on présente les facteurs qui influent sur la motivation de l'élève, peut servir de texte de référence. De plus, on ne devra pas hésiter à questionner directement son enfant. Dans les divers chapitres que comporte cette partie, et particulièrement au chapitre 5, on proposera des moyens d'y parvenir, ce qui permettra de désigner le ou les facteurs qui ont un effet négatif sur les perceptions de l'enfant. Enfin, à la lumière des informations recueillies au cours de ces deux premières étapes, chacun des parents devra choisir un ou plusieurs moyens d'intervention. Pour faciliter ce choix, les chapitres qui suivent leur suggèrent des idées de comportements à adopter ou à éviter afin qu'ils puissent améliorer les trois perceptions de l'enfant. Ainsi, les trois chapitres qui suivent s'intitulent :

▸ Aider son enfant à valoriser l'école

▸ Aider son enfant à développer son sentiment de compétence

▸ Aider son enfant à développer son sentiment de contrôle

Quant aux parents qui sont sur le point d'abdiquer leurs responsabilités en concluant qu'«il n'y a plus rien à tenter, le mal est fait», nous ne pouvons que leur suggérer d'essayer à nouveau en optant, cette fois, pour une démarche plus systématique, semblable à celle qui est décrite plus haut. Pour ces parents, rétablir la communication avec leur enfant est le premier objectif à atteindre. Ils devront s'armer de patience et se donner pour défi de montrer à leur enfant à quel point sa motivation les préoccupe. Être soi-même motivé est sûrement un des meilleurs moyens de le convaincre.

D'où viennent les idées qui sont présentées dans les chapitres qui suivent? Elles sont d'abord fondées sur des articles de recherches, des livres et des rapports traitant de la motivation. Étant donné que la très grande majorité de ces documents sont destinés aux enseignants, nous avons dû modifier les idées que l'on y retrouve pour les rendre plus conformes aux besoins des parents. Nos nombreuses discussions avec les enseignants sont une autre source importante d'information. De ces discussions, plusieurs idées ont émergé à propos de l'engagement des parents dans la vie de l'école et de la collaboration qui devrait s'installer entre ces derniers et les enseignants. Enfin, plusieurs idées sont tirées des nombreuses rencontres de parents auxquelles un des auteurs participe fréquemment dans le cadre de son travail de directeur d'école.

À l'intention du lecteur qui désirerait explorer d'autres ouvrages, nous proposerons en annexe une liste de livres et de revues. Bien qu'ils ne soient pas tous destinés aux parents, ces ouvrages répondent à beaucoup de leurs questions, car ils font le point sur les connaissances relatives aux pratiques et aux expériences entreprises par les enseignants et les parents en ce qui concerne la motivation des enfants.

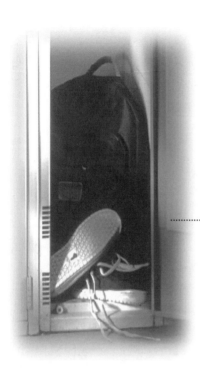

Chapitre 4

AIDER SON ENFANT
À VALORISER L'ÉCOLE

Bien des parents sont portés à oublier que leurs opinions, leurs remarques et leurs jugements sur l'école influent considérablement sur la façon dont leur enfant perçoit l'école. Il s'agit là du modelage — effet bien connu en psychologie —, qui consiste à acquérir un comportement par l'observation d'une autre personne. Ainsi, par le processus de modelage, un enfant adopte les gestes et les manifestations verbales de ses parents, les reproduit dans son propre langage et s'en sert comme arguments pour justifier sa démotivation à l'égard de l'école et des matières scolaires. Par exemple, sous prétexte que leurs parents s'expriment à la maison aussi mal qu'eux, certains enfants nient l'utilité d'apprendre à bien parler le français.

Pour élaborer ses jugements sur l'école, l'enfant aura donc tendance à se fonder sur ceux de ses parents. C'est pourquoi il y a une règle d'or que tout parent devrait respecter : ne jamais dénigrer l'école devant les enfants.

Dans un premier temps, nous examinerons ce que le parent peut faire et ce qu'il doit éviter de faire pour amener son enfant à valoriser l'école. Dans un deuxième temps, nous nous demanderons comment un parent peut aider son enfant à juger de l'utilité et de l'intérêt des matières scolaires. Enfin, nous verrons comment il peut harmoniser ses actions avec celles des enseignants.

PRÉSENTER À SON ENFANT UNE IMAGE POSITIVE DE L'ÉCOLE

À l'aube du XXIe siècle, on ne le sait que trop, les parents manquent de temps pour assumer toutes leurs obligations. Le travail des deux conjoints, la monoparentalité, les gardes partagées, les longs horaires de travail, la circulation automobile, le transport des enfants sont autant de facteurs qui grugent le temps des parents et les empêchent de s'investir autant qu'ils le voudraient dans la vie scolaire de leur enfant. Mais, quelles que soient ces difficultés, les parents ne peuvent se soustraire à certaines tâches fondamentales, dont les principales sont les suivantes :

> ▸ *Exprimer clairement sa foi en l'école.*
>
> Le parent doit d'abord et avant tout montrer à son enfant qu'il croit fermement que l'éducation est un des meilleurs moyens d'atteindre ses buts dans la vie. Un parent qui laisse entendre que l'école n'a aucune utilité, qu'elle ne prépare pas adéquatement à la vie d'adulte et qu'elle ne forme pas des travailleurs compétents ne contribue qu'à semer la confusion dans l'esprit de son enfant. En effet, d'une part, le parent lui impose d'aller à l'école et, d'autre part, il prétend que la fréquentation scolaire ne donne aucun résultat.
>
> On ne peut douter de l'importance de l'école. La formation scolaire demeure toujours l'indice de succès professionnel le plus courant et ce, dans tous les pays industrialisés. Les statistiques sur le travail montrent en effet que la très grande majorité des personnes qui occupent des emplois intéressants et bien rémunérés ont des diplômes d'études collégiales ou universitaires.

▸ *Solliciter l'intervention de personnes clés.*

Si un parent a des relations difficiles avec son enfant, il peut demander à un autre adulte (le grand frère ou la grande sœur, l'instructeur sportif, l'enseignant, l'éducateur du service de garde, etc.) d'assumer un rôle de tuteur auprès de son enfant. Il pourra lui confier la tâche de présenter à son enfant les différentes facettes de son métier, de lui faire visiter l'université où il a étudié, de lui montrer les avantages qu'il y a, par exemple, à maîtriser la langue maternelle ou une langue étrangère. Il est important que l'enfant ait confiance en cette personne et éprouve de l'admiration pour elle, de façon à ce qu'il puisse lui exprimer ouvertement ce qu'il pense de ses études et de leur utilité. Ce tuteur doit devenir un modèle pour l'enfant.

▸ *Prendre connaissance des documents rapportés de l'école par l'enfant et, le cas échéant, les signer.*

Par cette attention, l'adulte démontre à l'enfant qu'il s'intéresse à ce qu'il vit et fait à l'école. On pourra en profiter pour discuter avec l'enfant des informations transmises par l'école et, au besoin, pour lui demander des explications complémentaires. Ces discussions, tout en montrant à l'enfant l'importance

que l'on accorde à ses études, seront une bonne occasion de le renseigner et de le faire participer aux décisions touchant les différentes dimensions de sa vie scolaire.

S'il constate que les feuillets d'information qu'il remet à ses parents s'entassent dans un coin sans être lus ou qu'ils sont jetés directement à la poubelle, l'enfant tirera rapidement les conclusions qui s'imposent : c'est de la « paperasse », c'est sans importance. Il en résultera que l'enfant n'apportera plus de documents à ses parents pour ne pas les ennuyer, ou fera un tri, de façon à leur soumettre uniquement ce qui lui convient. On doit éviter par ailleurs de tomber dans certains écueils : par exemple, refuser de signer des bulletins ou des devoirs dont les notes ne sont pas satisfaisantes, ou annoter un devoir lorsque l'on est en désaccord avec la correction de l'enseignant. L'enfant pourrait en ressentir de la gêne auprès de ses camarades, avoir peur que l'enseignant lui « tombe dessus » ou chercher à exploiter la mésentente entre ses parents et l'enseignant pour prétendre que les travaux demandés sont futiles.

▶ *L'encourager à exprimer sa fierté pour son école.*

Certains enfants ont pris l'habitude de dénigrer l'établissement scolaire où ils étudient. Pour ce faire, ils se fondent souvent sur l'opinion de quelques personnes ou sur des événements isolés qui sont survenus à l'école. Malheureusement, un certain nombre de parents utilisent les mêmes sources d'information pour porter des jugements sévères et parfois injustifiés sur la qualité de l'école de leur enfant. Certains vont même jusqu'à critiquer l'école que leur enfant fréquentera au secondaire. Face à de telles critiques, comment un enfant peut-il être désireux d'y aller ? Chaque établissement a ses qualités et ses défauts. Les parents doivent se renseigner adéquatement sur les forces et les faiblesses de l'école et en informer leur enfant. Inciter son enfant à être fier de son école est un but que chaque parent devrait poursuivre.

▸ *Exprimer clairement de l'intérêt pour les activités organisées par l'école.*

Des rencontres à caractère culturel, scientifique ou sportif et des visites dans des entreprises, des collèges et des universités sont d'excellentes occasions pour un enfant d'ouvrir ses horizons et d'apprendre à connaître différents métiers et professions. Un parent doit donc témoigner à son enfant de la valeur que lui-même accorde à ces activités et l'encourager à y participer, et même à les organiser.

▸ *Participer aux rencontres parents-enseignants, aux réunions d'information, aux conférences et aux fêtes qui ont lieu à l'école.*

Une des façons de manifester à son enfant qu'on attache de l'importance à l'école consiste à prendre part le plus possible aux activités auxquelles les parents sont conviés. Avoir constamment un empêchement (par exemple pour les rencontres parents-enseignants) ou ignorer sciemment l'invitation sera perçu par l'enfant comme le signe d'un manque d'intérêt. Il en est également ainsi des réunions d'information, des spectacles offerts par les élèves ou des conférences organisées par l'école. Un parent qui n'est jamais présent à de tels événements démontre qu'il se désintéresse de l'école et de ce qui s'y passe. Il faut également se méfier de l'habitude de déléguer à un des parents la tâche de participer aux réunions de l'école. Cette situation peut laisser croire à l'enfant que celui qui s'abstient d'y prendre part ne s'intéresse pas à ce qu'il fait à l'école ou s'y intéresse peu.

S'il dispose de plus de temps, le parent peut adhérer à certains comités qui ont pour but d'examiner certains des problèmes rencontrés par l'école et s'engager ainsi davantage dans le système scolaire. Il s'agit de lieux privilégiés pour exprimer ses doléances, ses craintes et ses demandes. Par exemple, le parent peut demander à la direction d'organiser des ateliers sur des sujets tels que : comment encourager un enfant en difficulté ? comment aider un enfant à faire ses devoirs et ses leçons? À ces parents qui désirent s'engager activement dans la vie de l'école, nous faisons les suggestions suivantes:

▸ *Se faire élire au comité d'école ou au conseil d'orientation.*

Les parents qui sont membres de ces comités ont la possibilité de donner leur avis sur le projet éducatif de l'école, ses règlements, ses activités, etc. Ils découvrent l'école de l'intérieur. Ils sont en mesure de s'informer sur des éléments de la Loi de l'instruction publique et peuvent apprendre à connaître les structures scolaires et comprendre les attentes de l'école et les contraintes auxquelles elle doit faire face.

▸ *Offrir sa collaboration pour les activités de l'école, à titre de bénévole, en fonction de ses compétences et de ses disponibilités.*

Le bénévolat donne l'occasion de rendre service, de voir des enfants heureux et bien encadrés, de participer à des projets stimulants. Ce bénévolat peut être fait à la bibliothèque (réparations des ouvrages, assistance au service de prêt, rangement, animation), au laboratoire d'informatique (assistance, entretien, réparation), lors de sorties (encadrement, animation) ou dans le cadre des projets réalisés à l'intérieur de l'école (assistance, sécurité).

Les suggestions qui viennent d'être présentées ont un dénominateur commun: elles demandent aux parents d'être proactifs et de s'intégrer à la vie scolaire de leur enfant. Ces actions auront cependant peu d'effet sur la valeur que l'enfant attache à l'école si elles ne s'accompagnent pas du souci d'éviter de prendre ouvertement position contre l'école.

Un parent doit se donner comme principe de base de nuancer devant son enfant les jugements négatifs qu'il porte sur le système scolaire. Avant d'engager son enfant dans des débats touchant le système scolaire et l'importance de l'école, il devrait tenir compte de l'âge de celui-ci et se demander s'il est capable de peser le pour et le contre et de formuler des critiques dans un esprit positif. Si la réponse

à ces questions est négative, il vaut mieux ne pas discuter de ces propos en présence de son enfant. De plus, nous conseillons aux parents d'adopter le plus possible les comportements suivants:

▸ *S'abstenir d'approuver les nouvelles à sensation concernant le système scolaire.*

Il existe de plus en plus d'articles de journaux et d'émissions de télévision qui proclament l'inefficacité des écoles en soulignant les mauvais résultats obtenus par les élèves à des examens provinciaux ou qui dévoilent des scandales en matière de mœurs ou de gestion des fonds publics. Ces nouvelles ne présentent souvent qu'un côté de la médaille. Malheureusement, peu de journalistes prendront le temps d'aller voir les correctifs apportés dans une école à la suite d'événements regrettables. Ils s'intéresseront encore moins aux petits projets d'écoles qui cherchent à accroître l'engagement et la motivation des élèves. Lorsqu'on porte uniquement attention aux articles à sensation, on discrédite les apprentissages et les réalisations que les enfants font tous les jours en compagnie de leurs enseignants.

▸ *S'abstenir de rappeler ses propres travers d'élève.*

Des remarques comme «Moi aussi, j'étais insupportable en classe!» ou «J'ai redoublé plusieurs classes, mais j'ai finalement appris à lire» ne font que donner des arguments à l'enfant pour expliquer son manque d'intérêt pour l'école et son manque d'engagement. «Pourquoi faire des efforts?, se dira-t-il, les choses s'arrangeront avec le temps. Je suis comme mon père, je n'y puis rien.»

▸ *S'abstenir de se vanter d'avoir travaillé plus fort que son enfant et d'avoir obtenu de meilleurs résultats scolaires que lui.*

Des phrases du genre «Dans mon temps, on travaillait plus fort, on apprenait plus vite» nous ont exaspérés lorsque nous étions jeunes et elles ont le même effet sur les nouvelles générations. Nos parents nous ont rebattu les oreilles avec ces remarques, et nous répétons les mêmes propos à nos propres enfants. En faisant constamment référence au passé, les parents donnent des arguments aux jeunes qui prétendent que «leurs vieux sont déconnectés du présent». Un parent qui désire créer un climat de confiance entre son enfant et lui devrait éviter de faire constamment appel à son passé pour justifier ses opinions.

▸ *S'abstenir de valoriser les personnes qui ont réussi sans avoir d'instruction.*

Vanter la réussite d'une personne en insistant sur le fait qu'elle n'a pas fréquenté longtemps l'école peut être désastreux pour l'enfant démotivé ou pour celui qui a tendance à penser qu'il est né sous une bonne étoile et qu'il n'a pas trop à s'en faire pour son avenir. Si l'on a à invoquer le succès de personnes qui ont réussi en dépit de leur peu d'instruction, on doit mettre l'accent sur des qualités telles que la ténacité, l'esprit d'entreprise, plutôt que sur le fait qu'elles ont réussi sans avoir de diplôme.

▸ *S'abstenir de critiquer les journées pédagogiques.*

Les journées pédagogiques, pendant lesquelles les enfants sont dispensés d'aller à l'école, engendrent souvent des problèmes d'organisation pour les parents. Il n'en faut pas plus pour que ces derniers se demandent : « Que peuvent bien faire les enseignants durant ces journées ? N'ont-ils pas pour tâche d'être en classe et d'enseigner ?

Les journées pédagogiques ne sont pas des vacances pour les enseignants, mais des journées qu'ils mettent à profit pour se perfectionner, pour préparer des cours ou des activités, pour se concerter entre collègues sur l'application des programmes, pour discuter des questions reliées à la discipline dans l'établissement, etc. Minimiser l'importance de ces journées en présence des enfants, c'est leur laisser croire que leurs professeurs n'ont besoin ni de perfectionnement ni de préparation pour enseigner. Or, enseigner est une profession qui, comme toutes les autres, exige de la planification, de l'organisation et des réajustements.

▸ *S'abstenir de critiquer les activités ou les projets auxquels l'enfant participe.*

Des projets tels que l'organisation d'activités lors de la semaine des arts ou des sciences, la préparation d'une exposition et de voyages d'échanges avec des élèves d'autres villes ou d'autres provinces sont importants pour l'éducation des enfants. Tous sont liés aux objectifs du programme et ont pour but de rendre la matière signifiante et motivante aux yeux de l'enfant. Déclarer à la maison que l'activité demandée à son enfant est inutile amène ce dernier à dévaloriser ce qui lui est proposé.

▸ *S'abstenir de se plaindre des sommes exigées par l'école.*

Si un parent ne cesse de se plaindre que l'école lui coûte cher, l'enfant hésitera à présenter à ses parents une lettre proposant une activité coûteuse qui, pourtant, le passionne. Dans le même ordre d'idées, ayant eu à rembourser le livre de bibliothèque qu'il a perdu, l'enfant évitera à l'avenir d'emprunter d'autres livres, malgré son intérêt naissant pour la lecture.

▸ *S'abstenir de mettre en doute, en présence de son enfant, l'importance du rôle de l'enseignant.*

Déclarer que la profession d'enseignant est facile et que ceux qui la pratiquent font la belle vie, jouissent de longues vacances, de bonnes conditions salariales, de nombreux congés et d'un horaire de travail peu chargé a pour effet de diminuer le sentiment de confiance que l'enfant éprouve envers son enseignant. L'enfant doit estimer ses enseignants et les respecter. Comment peut-il le faire si, à la maison, il entend ses parents les critiquer constamment?

▸ *S'abstenir de faire preuve de pessimisme à l'égard de l'avenir des jeunes.*

Même s'il considère que la société va de mal en pis, le parent se doit d'insuffler à son enfant le goût d'apprendre, de lui donner confiance en l'avenir. En fait, il importe de bien lui montrer que, plus il réussira à l'école, plus il augmentera ses chances de réussir dans la vie.

▸ *S'abstenir d'exprimer ouvertement son sentiment d'incapacité.*

«Je ne comprends rien, ce n'est pas comme dans mon temps.» Voilà une phrase que les parents, dépassés par les changements de programmes ou de méthodes, laissent souvent échapper. En admettant ainsi leur incompréhension, surtout si leur enfant est au secondaire, les parents font naître dans son esprit le sentiment qu'ils sont désormais exclus du monde scolaire qu'il fréquente. Pour éviter ces situations gênantes, les parents devraient participer aux séances d'information que tient la direction de l'école lors de l'implantation de nouvelles méthodes pédagogiques.

En conclusion, soulignons que tous les jugements et toutes les manifestations verbales que nous conseillons d'éviter ne doivent pas pour autant empêcher les parents de jeter un regard critique sur l'école. Le parent doit cependant veiller à nuancer ses propos en présence de son enfant. Un excès de critiques ne peut qu'amener l'enfant à dévaloriser l'école et à déprécier tout ce qui s'y fait.

VALORISER LES APPRENTISSAGES
FAITS À L'ÉCOLE

Certains parents doutent de l'efficacité des méthodes utilisées à l'école et de la pertinence de certaines des matières qui sont enseignées. «Pourquoi se compliquer la vie, disent-ils, mon fils a bien appris à parler à la maison sans toutes ces méthodes modernes.» On n'apprend pas à l'école de la même façon qu'on le fait à la maison. À l'école, les apprentissages sont plus complexes et exigent plus de l'enfant. C'est pour cette raison que les parents, tout comme leur enfant, doivent avoir confiance dans les méthodes utilisées par l'enseignant et saisir l'importance des matières scolaires. Intéressons-nous d'abord aux méthodes d'enseignement. Nous examinerons par la suite les matières scolaires et nous verrons comment on peut, à la maison, aider son enfant à les juger utiles et intéressantes.

Avoir confiance dans
les méthodes d'enseignement

Les méthodes d'enseignement varient selon les époques, les pays et l'état des recherches en pédagogie. Elles s'inscrivent dans un ensemble d'objectifs pédagogiques qui visent à faciliter le processus d'apprentissage de l'enfant.

Avant de critiquer les méthodes, un parent doit chercher à en comprendre les objectifs, le fonctionnement, les qualités et les faiblesses. Pour ce faire, le parent peut questionner l'enseignant sur les méthodes qu'il utilise. Dans quel but a-t-il recours à cette méthode plutôt qu'à une autre? Est-elle vraiment efficace? Dans quelle mesure

mon enfant peut-il en tirer profit? Voilà des questions légitimes auxquelles tout enseignant se fera un devoir de répondre. Par l'intérêt qu'il
porte aux explications qu'on lui fournit, le parent démontre à l'enfant
qu'il a confiance dans son enseignant. Rappelons que le parent a le
droit de ne pas être entièrement d'accord avec les méthodes en vigueur;
plutôt que de se plaindre à son enfant, il peut faire valoir son point de
vue en s'adressant directement à l'enseignant ou au directeur. Il peut
aussi passer par le comité d'école.

Pour en savoir davantage sur les méthodes utilisées par l'enseignant, le parent peut, à la maison, confier le rôle de l'enseignant
à son enfant et lui demander de lui expliquer ce qu'il a appris à l'école
et par quelle méthode. En l'interrogeant sur ce qu'il a fait en classe,
on amène l'enfant à prendre conscience du fait que ses activités sont
importantes et à les juger intéressantes. Cependant, tout le monde sait
que les questions banales amènent des réponses banales. Les sem-
piternelles questions du genre «Comment cela a-t-il été à l'école aujour-
d'hui?» ou «Qu'as-tu appris de nouveau aujourd'hui?» ont pour effet
d'éteindre les conversations. Il est préférable de commencer par des
questions d'ordre général qui rendront l'enfant volubile, comme:
«Quelle est la chose la plus drôle qui s'est passée aujourd'hui?»,
ou: «À quel moment t'es-tu ennuyé le plus? Qu'as-tu fait alors?», ou:
«Parle-moi de Catherine, ton enseignante?» Par la suite, des questions
portant sur ce que l'enfant a appris et sur la façon dont cela s'est
déroulé en classe pourront être posées, comme: «Avec quel matériel
as-tu travaillé aujourd'hui? Comment l'as-tu utilisé? Dans quel but?»

Aider son enfant à percevoir l'intérêt et l'utilité des matières scolaires

Lorsqu'ils décrètent l'inutilité de l'école, les enfants pointent
du doigt les matières scolaires: «Moi, je veux devenir mécanicien!
À quoi vont me servir les cours d'histoire?» Les parents ont tendance à répliquer que telle ou telle matière contribue à développer

l'esprit, ou ils rétorquent tout simplement : «Tu comprendras un jour !»
Ces remarques ont généralement peu d'effet sur les jugements des
enfants. Il existe une stratégie plus profitable qui consiste, par exemple,
à les amener à prendre conscience eux-mêmes de l'utilité des matières
scolaires par le biais d'activités qui n'ont pas de rapport avec l'école
et qui sont susceptibles de les intéresser.

Nous allons examiner diverses activités que l'on peut réaliser
avec son enfant dans le but de lui permettre de voir que les matières
qu'il apprend à l'école peuvent lui être utiles dans la vie de tous les jours.

Activités reliées au français

Si l'enfant a découvert les livres à l'école et que c'est l'unique
endroit où il lit, il y a de fortes chances que la lecture soit pour lui une
activité purement scolaire, c'est-à-dire une activité obligatoire et con-
traignante. Il est donc important de familiariser l'enfant avec la lecture et l'écriture avant qu'il n'entre à l'école, afin qu'il associe ces
activités à la vie familiale et, plus tard, à la vie en général. En fait, il
s'agit de faire comprendre à l'enfant que la lecture et l'écriture sont
des moyens de connaître, de communiquer et de se divertir. Pour ce
faire, un principe de base doit gouverner l'action des parents : il faut
lire et écrire avec l'enfant. Voici quelques suggestions d'activités que
l'on peut faire avec son enfant.

- Avec le jeune enfant, lire des livres abondamment illustrés.
  Durant la lecture, lui poser des questions sur l'histoire, sur
  la façon dont il imagine la fin, etc. Attention ! si c'est uniquement la mère qui fait la lecture à l'enfant, ce dernier pourrait
  considérer l'activité comme purement féminine ; la participation
  du père est donc essentielle.

- Continuer à lire avec l'enfant même après qu'il a commencé
  l'école ; ne pas arrêter sous prétexte que l'enseignant le fera
  lire en classe. Lire avec lui une quinzaine de minutes par jour
  (au lit, avant qu'il ne s'endorme, par exemple). Il importe de

ne pas insister lorsqu'il n'en a pas envie. La lecture ne doit pas devenir une corvée.

▸ Suggérer à l'enfant et à l'adolescent des ouvrages qui correspondent à ses intérêts : il pourrait, par exemple, emprunter à la bibliothèque des livres sur ses idoles (chanteurs, athlètes, mannequins, etc.).

▸ Initier l'enfant à des jeux faisant appel à la connaissance des mots (Scrabble, charivari, mots croisés, etc.).

▸ Ne pas hésiter à lui lire des extraits de livres que l'on trouve intéressants.

▸ Oser fermer la télévision afin d'insérer dans la soirée une petite heure de lecture ; organiser un coin de lecture paisible où l'on se retrouvera chaque soir.

▸ Encourager la rédaction de textes en dehors des travaux scolaires : l'enfant peut écrire à un membre de la famille, à un ami, au père Noël, etc. ; l'adolescent peut envoyer des lettres aux stations de radio ou de télévision de son choix, à une idole, à la revue à laquelle il est abonné, etc.

▸ Offrir à l'enfant un dictionnaire illustré ou une encyclopédie pour jeunes.

▸ Faire de la première visite à la bibliothèque un événement : présenter à l'enfant le préposé aux prêts, lui faire visiter les lieux, lui faire plastifier sa carte, prendre soi-même l'habitude d'emprunter des livres.

▸ Installer dans la chambre de l'enfant une bibliothèque composée de ses propres livres.

Activités reliées à l'anglais langue seconde

▸ Suggérer à l'enfant de regarder un film en anglais qui n'a pas encore été traduit. Cela lui permettra de mesurer sa capacité de compréhension de l'anglais.

▸ L'inciter à écouter des émissions de télévision en anglais qui sont susceptibles de le captiver (par exemple, l'interview d'un athlète ou d'un musicien qu'il admire).

▸ L'aider à découvrir la signification des textes de chansons en anglais qu'il affectionne particulièrement.

▸ Envisager, si l'on en a les moyens, de l'envoyer dans un centre de vacances d'été proposant l'immersion anglaise.

Activités reliées aux mathématiques

Comme c'est le cas du français et de l'anglais, l'enfant doit comprendre que les mathématiques ne sont pas une matière purement scolaire. Les connaissances que l'on acquiert à l'école touchant l'arithmétique, les fractions, les statistiques ou la géométrie trouvent de multiples applications dans le quotidien.

▸ Si l'enfant pratique des sports, profiter des statistiques publiées dans les journaux pour lui démontrer l'utilité des moyennes et des pourcentages.

▸ Démarrer avec lui une compilation informatisée des objets (cartes, timbres) qu'il collectionne et, à partir de cette base de données, dresser des statistiques.

▸ À l'occasion d'un voyage à l'étranger, calculer avec lui le taux de change de l'argent.

▸ Le mettre au défi de résoudre les énigmes mathématiques proposées dans les journaux de fin de semaine ou dans des ouvrages spécialisés.

▸ Demander son aide pour réaliser une recette de cuisine, et lui faire mesurer les diverses quantités demandées. De petits travaux de bricolage ou d'artisanat mettent également à profit les acquis arithmétiques.

▸ L'inviter à tenir un budget pour son argent de poche ; il comprendra vite l'utilité des additions et des soustractions.

Activités reliées à la physique, à la chimie et à la technologie

La société moderne est particulièrement axée sur la technologie ; les idées d'activités ne manquent donc pas.

▸ Acheter à l'enfant des livres ou des bandes dessinées qui font état des découvertes des chercheurs dans les domaines qui le captivent (voitures, mode, disques laser, cinéma, etc.).

▸ Visiter avec lui le cosmodôme, le planétarium ou le musée.

▸ Le faire participer à un projet de rénovation et lui demander sa collaboration lors de l'élaboration du plan, du choix des matériaux, etc.

▸ L'amener à des journées « portes ouvertes » dans des entreprises spécialisées ou dans des écoles professionnelles.

Activités reliées aux sciences naturelles

Les enfants ont généralement une passion innée pour tout ce qui touche la vie des animaux et de la nature. Il faut donc en profiter.

▸ Donner l'occasion à son enfant de faire un potager ou un jardin de fleurs ; il bénéficiera ainsi d'une bonne initiation à la biologie végétale et à l'écologie.

▸ À l'aide de lunettes d'approche, identifier avec lui les étoiles et examiner la Lune. Consulter par la suite une encyclopédie pour élucider certaines questions.

▸ À l'aide de jumelles, observer avec lui les oiseaux qui vivent autour de la maison et chercher leur nom dans un guide ornithologique.

▸ L'encourager à s'inscrire à un club de « petits débrouillards ».

▸ L'aider à monter un portfolio sur ses réalisations (par exemple ses collections).

▸ Lui confier la responsabilité de certaines plantes de la maison.

▸ Lui demander son avis lors de l'achat de plantes et de semences pour le potager.

Activités reliées à l'histoire et à la géographie

Voici quelques activités visant à sensibiliser l'enfant aux concepts d'espace et de temps.

- Avant de partir en voyage, choisir avec lui à la bibliothèque des livres traitant du pays de destination prévu.
- L'aider à trouver une façon efficace de conserver les souvenirs de voyages (photos, dépliants, cartes, etc.).
- Jouer avec lui au «jeu du patrimoine», c'est-à-dire trouver dans la maison les trois objets les plus anciens et les trois objets les plus modernes.
- Visiter avec lui des expositions de voitures anciennes ou de costumes d'époque, ou des musées de la civilisation, lesquels sont généralement consacrés à la culture et à l'histoire des peuples.
- Lui offrir un globe terrestre pour Noël ou pour son anniversaire.

HARMONISER SES ACTIONS
AVEC CELLES DES ENSEIGNANTS

Pour l'enfant, l'école et la maison sont souvent deux mondes qui ne se côtoient pas. En fait, c'est souvent l'enfant qui fait le lien en agissant comme messager. Pour un enfant démotivé, il y a là un argument de plus pour prétendre que ses parents ne s'intéressent pas à ce qu'il fait à l'école.

On reproche souvent aux parents de négliger les rencontres et les invitations que leur lancent les directions d'école et les enseignants. Le manque de temps, bien sûr, mais également la peur que leurs revendications ne se traduisent par des retombées négatives sur l'enfant, et la crainte d'être reçus avec condescendance sont parmi les raisons qui portent de nombreux parents à éviter le plus possible les rencontres auxquelles ils sont conviés.

Pourtant, les rencontres de parents sont des occasions privi-
légiées de créer des liens harmonieux et soutenus entre parents et
enseignants. Pour ce faire, le parent, tout comme l'enseignant, ne doit
pas voir ces rencontres comme un moment où chacun expose ses
doléances à l'autre. Ces rencontres devraient plutôt permettre aux
parents et à l'enseignant d'échanger leurs points de vue et de mettre
en commun l'information dont chacun dispose, en vue d'harmoniser
les moyens et les efforts qui sont déployés à la maison et à l'école pour
venir en aide à l'enfant démotivé. À ces occasions, les parents, tout
autant que les enseignants, doivent donner, mais également recevoir. À cette fin, voici ce que nous suggérons aux parents.

▸ *Profiter des rencontres pour informer l'enseignant sur son enfant.*

Un enseignant ne peut connaître toutes les particularités et
tous les traits de personnalité de chaque enfant à qui il enseigne.
Le manque de temps ainsi que l'attitude renfermée de certains
enfants à l'école lui rendent la tâche très difficile. À cet effet,
les parents, qui connaissent bien leur enfant, peuvent aider les
enseignants à avoir une perception plus juste de lui. La passion qui l'anime, ses moyens de distraction, ses émissions
de télévision préférées, ses camarades de jeu, les activités familiales auxquelles il participe sont autant d'éléments qui peuvent
être communiqués à l'enseignant et qui lui permettront de mieux
comprendre certains comportements de l'enfant à l'école.

▸ *Discuter avec l'enseignant du travail de son enfant à l'école
et à la maison.*

Souvent, les parents n'osent pas demander aux enseignants
si leur enfant évolue bien en classe. Il serait intéressant d'en
savoir davantage afin de comparer les comportements de l'enfant à l'école et à la maison. On peut poser à l'enseignant
des questions comme : Travaille-t-il mieux seul ou en équipe ?
Démontre-t-il des signes de nervosité lors des examens ? Pose-
t-il beaucoup de questions en classe ? Quelles matières préfère-

t-il ? Dans certaines écoles où l'enseignant voit des centaines d'élèves par jour, on peut apporter une photo de l'enfant afin de s'assurer qu'il ne le confond pas avec un autre.

L'enseignant trouverait par ailleurs fort utile que le parent l'informe à son tour de la façon dont l'enfant travaille à la maison. Lui dire quand il étudie, combien de temps, où, avec qui et comment sont des détails précieux pour l'enseignant. S'informer mutuellement des modes d'apprentissage de l'enfant peut amener une collaboration entre parents et enseignant, de façon à ce que l'enfant comprenne mieux ce qu'on lui suggère de faire et ce qu'on exige de lui.

▸ *Questionner l'enseignant et lui exprimer son avis.*

Nous avons vu qu'il est important d'interroger l'enseignant sur ses méthodes pédagogiques, surtout lorsque l'on doute de leur efficacité. Le parent peut également demander à l'enseignant de préciser différents aspects de ses méthodes, tels que ses modes d'évaluation, les systèmes de récompenses et de punitions auxquels il a recours, les mesures de discipline qu'il impose en classe, etc. Interroger l'enseignant sur différents éléments de son enseignement, c'est lui donner l'occasion de présenter son point de vue et d'expliquer les raisons qui l'amènent à agir comme il le fait. En prenant soin d'écouter et de comprendre les opinions de l'enseignant, le parent pourra pondérer les reproches que son enfant formule à l'égard de ce dernier. Il sera plus en mesure, par la suite, d'expliquer à l'enfant pourquoi il partage l'avis de l'enseignant.

Prendre le temps d'écouter et de comprendre l'enseignant ne doit pas empêcher le parent d'exprimer ses doutes concernant certains aspects de son enseignement. Il est préférable d'en faire part à l'enseignant directement plutôt qu'à son enfant. Un parent qui s'inquiète des succès ou de la motivation de son enfant et qui, en toute honnêteté, doute de l'apport positif de certains éléments de l'enseignement peut difficilement recevoir une rebuffade de la part de l'enseignant. Si c'est le cas, il convient d'en informer la direction de l'école ou le comité de parents.

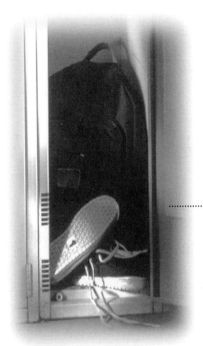

Chapitre 5

AIDER SON ENFANT À DÉVELOPPER SON SENTIMENT DE COMPÉTENCE

« **C**ela fait trois semaines que tu roules avec les petites roues sur ta bicyclette et j'ai remarqué qu'elles ne touchaient même pas le sol. Cela veut dire qu'on pourrait les enlever. Qu'en penses-tu ?

— Je voudrais bien, mais je ne serai pas capable...

— Ne t'en fais pas, je suis là et je tiendrai la bicyclette...

— OK, j'essaie... »

[L'enfant tombe et se blesse au genou.]

« Ça fait mal, je sais, mais tu vas y arriver. Regarde, hier, tu as fait à peine 5 m, et aujourd'hui, tu en as fait presque 7 ! Et en plus, tu n'es même pas tombé quand tu roulais en ligne droite ; tu as fait une chute seulement quand tu as tourné... »

— J'ai mal au genou et puis au coude ! Je n'y arriverai jamais...

— Voyons, c'est normal de tomber. Ça arrive à tout le monde, et tout le monde finit par réussir... »

Voilà un dialogue qui rappellera des souvenirs à de nombreux parents. À diverses étapes de la petite enfance, un nombre

incalculable d'apprentissages ont été réalisés avec le soutien et l'encouragement des parents. C'est grâce à des apprentissages tels que marcher, monter et descendre des marches, lacer des souliers, se servir d'une fourchette et d'un couteau qu'un enfant, dans les premières années de sa vie, acquiert le sentiment qu'il est capable d'apprendre. Pour arriver à faire ces apprentissages, l'enfant a toutefois besoin d'aide. C'est ainsi que le parent :

- ▸ le protège des dangers physiques ;
- ▸ le réconforte lorsqu'il a mal et le rassure lorsqu'il est effrayé ;
- ▸ dédramatise ses échecs et l'encourage ;
- ▸ le félicite de ses succès et souligne ses progrès constants ;
- ▸ le met en garde contre le danger de la comparaison avec les autres ;
- ▸ et lui fournit toute l'aide technique nécessaire.

Un parent qui a eu de tels égards pour son tout-petit n'a pas à douter de sa capacité d'aider son enfant devenu écolier à sentir qu'il est capable de réussir à l'école et de surmonter les épreuves qui ne manqueront pas de se présenter ; ce parent a manifestement les qualités requises.

Une des meilleures façons d'aider son enfant à se construire une bonne image de soi et à avoir le sentiment qu'il peut réussir à l'école est de l'amener à s'évaluer lui-même. Lorsqu'il acquiert la capacité de s'autoévaluer, l'enfant ne fonde plus ses décisions sur les seuls jugements de ses camarades ou de ses enseignants ; il s'appuie également sur le jugement qu'il porte lui-même sur ses forces et ses faiblesses. La section qui suit propose au parent des moyens d'aider son enfant à s'autoévaluer. Elle sera suivie d'une autre section où, à l'image du chapitre précédent, nous suggérerons des actions à entreprendre pour améliorer la perception que l'enfant a de sa capacité de réussir à l'école et pour l'aider à diminuer son niveau d'anxiété.

ENCOURAGER SON ENFANT À S'AUTOÉVALUER

Apprendre à s'autoévaluer n'est pas une tâche simple. Cela demande l'acquisition de certaines habiletés dont les plus importantes sont les suivantes.

> - *Mieux se connaître en s'observant sans porter de jugements :* «Lorsque je rentre de l'école, j'ai tendance à flâner. Je ne me mets pas au travail tout de suite ; je téléphone à mes amis, je mange, je regarde la télévision. Soudain, je me réveille, c'est l'heure de souper et je n'ai pas encore commencé mes devoirs. »
> - *Tirer des conclusions à partir d'observations sur ses comportements :* «Tiens, je cède toujours à de multiples distractions après l'école ! »
> - *Se fixer des objectifs :* «Cette semaine, je travaillerai chaque soir au moins une demi-heure ; ainsi, je devrais pouvoir terminer tous mes devoirs et mes leçons à temps. »

▸ *Estimer son investissement personnel afin de mieux l'équilibrer:* «Je suis tellement passionné par l'informatique que je lui consacre toute mon énergie. Ensuite, je suis trop fatigué pour apprendre mes leçons d'histoire.»

▸ *Connaître ses manières d'apprendre:* «Lorsque je dois rédiger un travail, j'ai plus de facilité si j'écoute attentivement le professeur que si je me fie seulement à ce qui est écrit dans le manuel scolaire.»

▸ *Analyser sa gestion du temps.* «Cela fait quelques semaines que je me regarde fonctionner et j'ai constaté que, toutes les fois où j'ai regardé la télévision à mon retour de l'école, je n'ai pas pu terminer mes travaux. C'est bien évident que je dois réduire le temps que j'accorde à mon loisir préféré...»

▸ *Tirer profit de son environnement:* «Il vaut mieux que je travaille là où je ne serai pas tenté de regarder la télé; je pourrais, au besoin, aller à la bibliothèque municipale.»

▸ *Se faire sa propre opinion:* «Finalement je dois admettre que la télévision nuit à mon travail scolaire.»

Ces habiletés à l'autoévaluation ne s'acquièrent pas facilement, et le soutien des parents est souvent nécessaire. Ces derniers peuvent ainsi aider leur enfant à prendre du recul par rapport à ses études. Dans ce cas, trois stratégies peuvent être utilisées: les questions, les phrases à compléter et le jeu du portrait. Il n'est pas nécessaire d'appliquer ces stratégies à la lettre; ce qui importe, c'est d'en comprendre l'esprit et de les adapter, au besoin. De plus, ces stratégies ne seront efficaces que dans la mesure où il existe un climat de confiance et de respect entre l'enfant et le parent. Pour créer ces conditions, un parent devra toujours se soucier de questionner son enfant dans un lieu adéquat (par exemple dans la chambre de l'enfant) et à un moment propice (par exemple avant ou après le souper). En fait, il s'agit pour le parent de créer des moments privilégiés où tout son temps et toute son attention sont concentrés sur la communication avec son enfant.

Première stratégie : les questions

Pour aider l'enfant à s'évaluer, on peut tout simplement le questionner directement. Pour que cette stratégie engendre des réponses utiles, il est important de varier les questions ainsi que de les adapter aux matières et aux situations que l'on désire évaluer. On ne doit pas craindre de sortir des sentiers battus. Voici quelques exemples de questions dont les réponses pourraient être éloquentes.

- Est-ce que tu te trouves bon en mathématiques ?
- Que changerais-tu dans ton comportement pour améliorer le temps que tu consacres à tes devoirs et à tes leçons ?
- Que ferais-tu pour rendre la situation plus agréable ?
- Aimerais-tu être meilleur que tes camarades de classe ? Qu'est-ce que cela changerait pour toi ?
- Qu'est-ce qui fait plaisir à ton enseignant ? Comment le sais-tu ?
- Qu'est-ce que je te dis lorsque tu réussis bien un travail ? Que ressens-tu alors ?
- Qu'est-ce que je te dis lorsque tu échoues à un examen ? Que ressens-tu alors ?
- Si tu planifies ton travail et que, malgré tout, tu n'en viens pas à bout, quel genre de réflexions fais-tu ?
- As-tu l'impression d'avoir fait beaucoup d'efforts en sciences ?
- Est-ce que quelqu'un ou quelque chose t'empêche de te concentrer quand tu travailles ?
- T'arrive-t-il de penser à autre chose en travaillant le soir ?
- Connais-tu bien les objectifs que tu t'es fixés ? Penses-tu pouvoir les atteindre facilement ? difficilement ?

Les discussions qu'entraîne chacune de ces questions permettent au parent et à l'enfant d'explorer en détail des facettes de la situation auxquelles ils n'auraient pas pensé. Par exemple, à la question « Est-ce que tout le monde a des chances égales de réussir ? », un enfant pourrait répondre qu'il y en a qui sont plus chanceux que lui, car ils obtiennent de bonnes notes sans travailler ou sont capables de faire leurs devoirs en un temps record. Le parent doit alors profiter de l'occasion pour démontrer à l'enfant que chacun possède des domaines où il est plus compétent que les autres. Le parent peut chercher avec l'enfant à découvrir les domaines où celui-ci est à l'aise : « Pour toi, attraper la balle est d'une facilité déconcertante ! » Il peut aussi progressivement amener l'enfant à prendre conscience de la joie que l'on peut ressentir lorsque l'on doit son succès aux efforts considérables que l'on a fournis : « Tu te souviens, tout le monde t'applaudissait lors de la compétition ! »

Il serait utile de noter les réponses de l'enfant, les caractéristiques de la situation évaluée, les circonstances où l'on pose les questions. On pourra ainsi se rendre compte des changements effectués d'une fois à l'autre, mesurer l'évolution dans les attitudes, etc.

Deuxième stratégie : le portrait

Il existe une deuxième stratégie destinée à aider l'enfant à s'autoévaluer, qui consiste à l'amener à brosser un portrait de lui-même à partir d'une grille prévue à cette fin (tableau 5.1). Cette stratégie, qui exige de l'enfant qu'il se décrive à l'aide de qualificatifs en répondant à la phrase « Je pense que je suis », est plus rapide à employer que celle des phrases à compléter. Même si elle ne provoque pas autant de discussions que la précédente stratégie, celle-ci a l'avantage de pouvoir être utilisée régulièrement et de susciter chez l'enfant une prise de conscience pouvant le décider à faire certains changements. Par exemple, l'enfant qui constate qu'il est distrait pourra être amené à faire attention à ce point lorsqu'il fait ses devoirs.

Cette stratégie donnera également l'occasion à l'enfant d'éprouver le sentiment qu'il maîtrise la situation car, au lieu de confier à ses parents le soin de le définir, l'enfant trace lui-même son portrait. Parents et enfants peuvent néanmoins par la suite discuter des améliorations à apporter, de façon à obtenir un portrait plus conforme aux espoirs de chacun.

Tableau 5.1

LA STRATÉGIE DU PORTRAIT

QUAND JE FAIS MES DEVOIRS, JE PENSE QUE JE SUIS :				
	Pas du tout	Un peu	Beaucoup	Commentaires
À l'aise				
Tendu				
Hésitant				
Concentré				
Distrait				
Rapide				
Lent				
Méticuleux				
Expéditif				
Organisé				
Brouillon				
Passionné				

Troisième stratégie : les phrases à compléter

Cette stratégie présente l'avantage d'inciter l'enfant à dépasser ses premières impressions relatives à des situations scolaires et à réfléchir sur les raisons expliquant qu'il se sent compétent dans certains cas et moins compétent dans d'autres cas.

Voici quelques exemples de phrases qu'un parent peut demander à son enfant de compléter :

▸ Si j'avais à recommencer une activité en français :
— j'aimerais ...
— je n'aimerais pas ...
— j'éviterais de ...

▸ Je trouve difficile de ...

▸ J'apprendrais plus volontiers si ...

▸ J'aurais besoin d'aide pour ...

▸ Je suis inquiet lorsque ...

Si l'enfant a de la difficulté à exprimer sa pensée, le parent peut lui suggérer des réponses possibles. Par exemple, à la phrase «J'apprendrais plus volontiers si...», il pourrait lui suggérer des réponses comme :

▸ si je savais que cela m'apporte quelque chose ;

▸ si j'aimais mon professeur ;

▸ si mes parents me faisaient confiance ;

▸ si je travaillais dans un coin plus tranquille de la maison.

En ayant recours à la stratégie des phrases à compléter, le parent obtiendra davantage d'informations que s'il avait demandé simplement à son enfant : «Comment ça va dans tes études ?». Les informations fournies par l'enfant permettront au parent :

▸ de pousser plus avant la conversation en utilisant, par exemple, les réponses de l'enfant pour lui poser des questions du genre : «Donne-moi un exemple»; «Es-tu sûr de ce que tu avances ?»; «Qu'est-ce qui te fait dire cela ?».

▸ de mieux comprendre et situer les difficultés que son enfant éprouve dans ses études et d'envisager plus clairement ce qu'il faut changer ou améliorer. Par exemple, si l'enfant complète la phrase «Je suis inquiet lorsque..» par «j'arrive seul à la maison et que je dois faire mes devoirs dans ma chambre silencieuse», les parents pourront, dans les cas où l'enfant est seul à la maison, réévaluer l'exigence qu'ils lui avaient imposée de faire ses travaux dans sa chambre.

▸ de donner son point de vue sur les réponses de l'enfant afin d'atténuer la sévérité des jugements que celui-ci porte sur lui-même. Par exemple, un parent peut revenir sur les réponses données par son enfant pour lui faire prendre conscience qu'il dit n'avoir aucune difficulté lorsqu'il s'agit d'étudier les sciences ou les mathématiques et que ses problèmes semblent se limiter au français. En prenant note de cette précision, l'enfant sera amené à faire des évaluations plus nuancées.

Les trois stratégies qui viennent d'être présentées ont l'avantage d'amener l'enfant à exprimer clairement ses perceptions, à préciser ses besoins et à réfléchir aux comportements qu'il adopte dans des situations liées au contexte scolaire. Le processus d'autoévaluation que ces stratégies suscitent chez l'enfant lui permettra d'avoir une perception plus réaliste de sa compétence. En effet, il lui sera plus difficile de se considérer comme médiocre dans toutes les matières ou, à l'inverse, de trouver que tout ce qu'il entreprend est facile. Ses jugements face à lui-même seront plus circonstanciés et l'amèneront à mieux distinguer les matières et les situations d'apprentissage où il sent qu'il a des capacités de celles où il sent qu'il a des difficultés.

La capacité d'autoévaluation est, pour l'enfant, un outil précieux qui l'amènera à se dire que, s'il le désire et s'il prend les moyens appropriés, il augmente ses chances de réussir. Son sentiment de compétence à l'école ne se fondera donc plus sur des impressions vagues, mais sur des observations plus réalistes et plus précises de ce qu'il *a fait*, de ce qu'il *veut faire* et de ce qu'il *peut faire*. Voici, à ce titre, une anecdote qui démontre bien la capacité d'autoévaluation que l'on doit viser.

Le père arrive à la maison et constate que sa fille de 1re secondaire fait ses devoirs devant la télévision. Gentiment, il lui demande : «Est-ce que tu arrives à te concentrer devant la télévision ? Penses-tu réussir à obtenir de bons résultats en travaillant de cette façon ?»

«Pas de problème, répond-elle, c'est un travail de reproduction, je n'ai pas réellement à me concentrer pour le faire.»

Le lendemain, elle présente à son père son travail à signer sur lequel la mention «Excellent» est inscrite.

La semaine suivante, elle est à nouveau installée devant la télévision pour faire son devoir de mathématiques au moment où son père rentre du travail. Devant son regard interroga-teur, elle s'empresse de mentionner qu'il s'agit d'un travail très facile pour elle. Elle sait qu'elle a des aptitudes en mathé-matiques, car elle a toujours de bonnes notes. Son sentiment de compétence est élevé.

Devant ce constat, le père acquiesce.

Le lendemain, piteuse, elle présente son travail à signer. Elle a obtenu une note beaucoup plus faible qu'elle ne l'avait prévu. Elle a fait une erreur d'inattention au début portant sur deux chiffres, ce qui l'a amenée à rater tout le reste. Elle est très déçue, elle qui se montre habituellement fière de ses résultats en mathématiques.

Elle dit d'elle-même à son père : « OK, j'ai compris ! Travailler devant la télévision peut provoquer des erreurs d'inatten-tion importantes, même s'il s'agit simplement de mettre au propre un travail. »

Quant aux parents, les trois stratégies qui viennent d'être présen-tées leur permettront de se faire une idée plus juste du portrait moti-vationnel de leur enfant car, grâce aux informations qu'ils auront récoltées, ils seront plus en mesure de préciser les matières ou les situations d'apprentissage qui stressent l'enfant, le découragent, l'indif-

fèrent ou le passionnent. Ainsi, en analysant attentivement les paroles de l'enfant, les parents sauront mieux quelles décisions prendre, quels éléments surveiller, quels sujets aborder de préférence, quels conseils demander à l'enseignant ou à un spécialiste, etc.

FAVORISER LE SENTIMENT DE COMPÉTENCE PAR LA RÉUSSITE DE TRAVAUX SCOLAIRES

Cette section a pour but d'aider les parents à améliorer le sentiment de compétence chez leur enfant. Les suggestions qui sont apportées se regroupent autour de huit grands principes d'action.

Avoir des attentes réalistes envers son enfant

On sait maintenant que l'enfant élabore l'image qu'il a de lui-même à partir du regard des autres, de leur jugement. Il compare ce qu'il croit être capable de faire à ce qu'on lui demande. C'est donc dire qu'il est essentiel pour le parent d'avoir un discours cohérent et d'exprimer ses attentes le plus précisément possible. De plus, si ces attentes sont trop élevées, l'enfant risque d'être découragé ; et si elles sont insuffisantes, il risque de se sentir dévalorisé. Avant de fixer ses exigences, le parent aurait intérêt à consulter les enseignants et à s'assurer auprès d'eux qu'il interprète correctement les bulletins (voir plus bas la façon de réagir au bulletin) et les autres évaluations qui lui sont transmises. Il faut en effet éviter d'exercer sur l'enfant trop de pressions (verbales et non verbales), ce qui l'amènerait à se sur-motiver, c'est-à-dire à vouloir réussir à un point tel que le stress engendré par ce niveau d'attente irréaliste nuirait à ses apprentissages. Exiger de l'enfant qu'il ne rapporte que des notes parfaites dans son bulletin supposerait qu'il est capable en tout temps de dépasser les exigences et d'apprendre aisément et sans se faire aider. C'est une attente irréaliste pour la grande majorité des élèves. Avec de telles exigences, on ne peut que faire naître un sentiment d'incompétence chez l'enfant en raison de l'inaccessibilité des objectifs qu'il se fixe.

Témoigner sa confiance à son enfant en le responsabilisant et en l'écoutant

Le parent doit constamment faire sentir à son enfant qu'il a confiance en lui. À cette fin, il doit lui permettre de faire des choix afin de s'affirmer, que ce soit sur le plan des loisirs, des règlements de la maison ou de l'organisation de son travail scolaire. C'est par le biais des permissions que se construit le sentiment de compétence : l'enfant perçoit qu'il a la confiance de l'adulte et il gagne ainsi de l'assurance. Même si le choix de l'enfant n'est pas toujours le meilleur qui soit, le parent doit le respecter et continuer à fournir à celui-ci d'autres occasions d'exercer son libre arbitre. On doit cependant circonscrire le cadre d'action de l'enfant afin de lui éviter des échecs inutiles : l'imposition de limites va de pair avec l'octroi de permissions. Nous reviendrons sur cette question au chapitre 6 lorsque nous discuterons des moyens qui doivent être pris pour aider l'enfant à améliorer la perception qu'il a de sa contrôlabilité.

De plus, pour témoigner de la confiance à son enfant, il faut considérer ses idées et ses opinions ainsi qu'écouter et comprendre ses craintes et ses peurs. En fait, les parents doivent accorder du temps à leurs enfants, tout en gardant à l'esprit que la qualité prime sur la quantité. Lorsque l'on a décidé de consacrer du temps à son enfant — c'est-à-dire de jouer ou de bavarder avec lui, de regarder la télévision en sa compagnie, etc. —, on s'efforce de ne pas se laisser interrompre par le téléphone ni par d'autres obligations. Bref, on ne le quitte pas à la moindre occasion.

Reconnaître l'importance de l'erreur dans l'apprentissage

L'apprentissage se fait la plupart du temps par tâtonnement, ou par essais et erreurs. Il est essentiel que l'enfant s'approprie cette conception. Pour l'aider, le parent peut lui proposer comme exemple l'athlète sportif qui en arrive à maîtriser sa discipline en comprenant et en corrigeant les erreurs qu'il a commises au cours des séances d'entraînement. En outre, lorsque le parent aide l'enfant à surmonter des difficultés, lorsqu'il discute avec lui pour distinguer les façons efficaces de travailler de celles qui sont sources d'erreurs, il contribue à lui faire comprendre ce qu'est réellement l'apprentissage. En fait, on doit bien comprendre que la note d'un bulletin n'est qu'un indice d'un apprentissage. Celui-ci est d'abord et avant tout un processus parsemé inévitablement d'erreurs. Certes, on doit souhaiter qu'à la fin d'un apprentissage son enfant commette le moins d'erreurs possible mais, durant le processus d'apprentissage, on doit accepter les erreurs car elles sont normales. Apprendre à écrire, par exemple, implique inévitablement que l'on fasse des fautes d'orthographe ou de syntaxe. *C'est en comprenant pourquoi on a fait une erreur qu'on cessera de la commettre.*

Le parent peut aussi s'investir dans une nouvelle activité (par exemple l'apprentissage du micro-ordinateur) et inviter son enfant à le suivre afin qu'il constate les erreurs que lui-même commet (cela le rendra plus «humain» aux yeux de l'enfant) et la façon dont il tire profit de celles-ci pour améliorer ses connaissances. A-t-il persévéré dans son apprentissage en dépit des nombreux échecs qu'il a essuyés au début? Comment en a-t-il trouvé le courage, la motivation? Voilà autant de sujets de discussions possibles entre le parent et l'enfant. En invoquant ses moments de découragement et ses erreurs, le parent descendra de son piédestal et son enfant sera alors plus tenté de se modeler sur lui. En avouant ses mauvais jugements, le parent reconnaît le droit à l'erreur et révèle sa faillibilité.

Réagir positivement aux bulletins de son enfant

Le bulletin est l'instrument sur lequel se fonde un grand nombre de parents pour apprécier la qualité des apprentissages et les efforts fournis par leur enfant. Compte tenu de l'influence que les commentaires des parents ont sur la perception que l'enfant a de sa compétence, nous ne saurions trop leur recommander de s'adresser à l'enseignant pour obtenir une juste interprétation du bulletin, et d'éviter de réagir par des phrases clichés du genre « As-tu fait le maximum d'efforts ? » ou « Tu peux faire mieux ! »

Par ailleurs, si le parent a bien suivi son enfant, qu'il a pris connaissance de son dossier d'apprentissage, signé ses travaux, etc., il ne devrait pas être surpris par le bulletin. Dans tous les cas, la présentation du bulletin devrait toujours susciter des commentaires constructifs de la part des parents. Pour ce faire, plusieurs facteurs contextuels devraient être pris en considération, dont les suivants.

▸ En général, les notes qui paraissent dans le premier bulletin de l'année portent sur les révisions de l'année précédente. L'enfant qui revient « rouillé » de ses vacances peut être désavantagé.

▸ La deuxième et la troisième étapes sont consacrées aux apprentissages nouveaux. Ces étapes peuvent être plus difficiles. Dans ce cas, une baisse de la moyenne par rapport à la première étape peut s'expliquer.

▸ Il faut savoir que les notes dépendent de la sévérité de la correction ainsi que de la difficulté des questions et de la matière. On doit également considérer avec prudence la moyenne de la classe, car plusieurs éléments, tels que la répartition des élèves en groupes homogènes (élèves de même force) ou hétérogènes (élèves de forces inégales), entrent en ligne de compte.

Somme toute, les parents doivent réagir aux bulletins, sinon l'enfant aura le sentiment que ses travaux et ses autres réalisations n'ont aucune valeur à leurs yeux. Mais ils doivent le faire en ayant constamment à l'esprit que leurs commentaires influeront sur la perception que leur enfant a de sa capacité de réussir à l'école.

Aider son enfant lors d'apprentissages difficiles

Le parent se doit de connaître les forces et les faiblesses de son enfant afin d'être en mesure de détecter les notions qui lui causeront des difficultés. On peut aider l'enfant qui bloque sur un travail en lui donnant quelques indices sur la façon de procéder, tout en faisant bien attention de ne pas faire le travail à sa place. Par exemple, on peut:

- lui signaler quelques fautes de français, tout en le laissant chercher les corrections;

- lui suggérer d'étoffer sa recherche et le laisser aller fouiller à la bibliothèque pour trouver la documentation nécessaire;

- lui conseiller de découper son travail en plusieurs étapes ou de l'étaler sur plusieurs soirées;

- lui proposer, lorsqu'une leçon est longue et ardue, de la morceler en mini-chapitres. Plus on subdivise le travail et plus on le révise souvent, plus on améliore le processus de rétention des connaissances;

- lui suggérer d'étudier les éléments les moins difficiles en premier lieu;

- l'inciter à travailler avec ses camarades, à fouiller dans les dictionnaires et dans l'encyclopédie de la maison, à solliciter l'aide de ses frères et sœurs, etc.

Pour terminer, soulignons que le soutien et l'aide que le parent apporte à son enfant dont les apprentissages sont difficiles doivent conduire ce dernier à agir et à croire en ses capacités de réussir. Si les interventions amènent l'enfant à constater que la tâche est trop complexe et qu'il n'y arrivera jamais, les buts visés n'auront pas été atteints.

Soutenir son enfant dans les moments de découragement

Il arrive que l'enfant, à la suite d'échecs répétés ou de mauvaises notes obtenues dans une ou plusieurs matières, se déclare incompétent en tout. Dans ce cas, on se doit d'intervenir au plus vite afin de l'aider à prendre conscience des progrès, si infimes soient-ils, qu'il est capable de réaliser. Plusieurs moyens s'offrent au parent.

▶ Faire préciser à l'enfant ses peurs, particulièrement celle de mal paraître aux yeux des autres, c'est-à-dire la peur du fameux «Qu'en-dira-t-on». Apprendre à l'enfant que l'image la plus précieuse est celle qu'il a de lui-même et non celle que les autres ont de lui. Il ne doit pas oublier que les autres ont aussi leurs défauts ou leurs difficultés. Il serait par ailleurs habile qu'il se prépare à répondre avec humour ou avec subtilité pour désamorcer les commentaires sarcastiques : «Je pioche sur mes devoirs de math, c'est vrai ; mais il n'empêche que plus tard, moi, au moins, je serai prêt à affronter les difficultés !»

▶ Recenser avec lui les succès de sa journée, les félicitations qu'il a reçues, les signes d'approbation que ses pairs ont exprimés. Il s'avère profitable et utile de répertorier dans un *portfolio* (voir note 5, page 50) ces divers événements gratifiants.

Il arrive qu'un enfant se déclare médiocre pour attirer l'attention des adultes ou encore pour éviter d'avoir à exécuter certains travaux. Il faut alors évaluer si l'on doit agir sur la demande d'attention ou sur les soi-disant difficultés scolaires. Dans ce cas, l'aide de spécialistes pourrait être précieuse, dans un premier temps pour les parents et dans un second temps pour l'enfant. On peut aussi offrir à un enfant en difficulté la possibilité d'aider un plus jeune. Cette idée est intéressante, car cela permet à l'enfant de reprendre confiance en lui et de se sentir utile dans un domaine où son sentiment de compétence était affaibli. L'investir d'une telle mission lui apportera beaucoup sur le plan humain et social.

Aider l'enfant qui a des troubles d'apprentissage

Lorsqu'un enfant connaît des difficultés d'apprentissage, les parents doivent doser les interventions afin de ne pas le saturer. Si, en plus de travailler avec ses parents, l'enfant suit des cours de récupération avec son enseignant, bénéficie de séances avec l'orthopédagogue et fait des devoirs supplémentaires avec un professeur particulier, il y a de fortes chances que l'enfant ne sache plus où donner de la tête. La perception qu'il a de sa compétence risque de s'affaiblir davantage, sans compter que toutes ces personnes risquent de se court-circuiter sans le vouloir.

La première étape à franchir serait d'inscrire l'enfant à des activités parascolaires où il peut exceller, afin qu'il améliore l'image qu'il a de lui-même et constate qu'il est «bon dans quelque chose». Il est possible que l'on ne trouve pas l'activité idéale du premier coup. Il faut, bien sûr, procéder par essais et erreurs, et explorer divers domaines : artistique, sportif, etc. Il faut aussi, d'un commun accord avec l'enseignant, établir des objectifs que l'enfant est capable d'atteindre. L'enfant doit lui-même se jauger en fonction de ces mêmes objectifs. Il importe qu'un enfant en difficulté d'apprentissage ne soit pas évalué en fonction des critères appliqués aux autres élèves de la classe. Le parent peut suggérer à l'enfant de modifier ses méthodes de travail ; peut-être sera-t-il plus motivé s'il rédige sa composition à l'aide d'un ordinateur plutôt qu'à la main ? Rappelons que le fait d'être appuyé dans son travail par des pairs ou par un ami plus âgé est souvent très bénéfique pour l'enfant. Enfin, nous l'avons déjà dit, on ne saurait trop relativiser la notion de compétence et souligner l'importance des particularités individuelles. Si les difficultés persistent ou s'amplifient, il peut être approprié de faire appel à un spécialiste afin que celui-ci pose un diagnostic et trouve la cause du problème d'apprentissage : instrumentation inadéquate, préalables insatisfaisants, explications non comprises, méthode de travail inefficace, etc.

Stimuler la douance

Certains enfants manifestent des aptitudes supérieures à la moyenne. Cependant, il arrive qu'ils perdent leur motivation à l'école, car les activités proposées sont trop faciles ; l'ennui s'installe et le goût d'acquérir de nouvelles connaissances s'effrite. Pour maintenir la motivation de ces enfants, on doit mettre en place des conditions favorables à leur développement.

Voyant que leur enfant apprend rapidement, certains parents sont portés à lui demander d'aller plus vite dans le programme et ainsi de devancer les étapes prévues dans le calendrier scolaire. Une telle situation peut être source d'ennui pour l'enfant à l'école. Les cours ne présenteront plus aucun intérêt puisque ce sera du déjà vu, et l'enfant pourra perdre l'habitude d'écouter attentivement ce que l'enseignant explique. Il est préférable de stimuler l'enfant en lui proposant des activités supplémentaires qui l'amènent à perfectionner ou à approfondir ce qu'il a appris. On peut, par exemple, faire travailler l'élève sur des habiletés complémentaires, comme la logique ou le jugement, en lui proposant de petites recherches qui lui donneront l'occasion de consulter des livres à la bibliothèque. On peut lui suggérer d'écrire un conte ou une pièce de théâtre pour raffiner son expression écrite et donner libre cours à son imagination et à sa créativité. L'enfant talentueux pourra par ailleurs s'épanouir pleinement dans des activités parascolaires comme les clubs d'échecs, les clubs de «petits débrouillards», les clubs de sciences, etc.

Chapitre 6

AIDER SON ENFANT À DÉVELOPPER SON SENTIMENT DE CONTRÔLE

L orsqu'il a été question, dans le premier chapitre, de la perception de la contrôlabilité, on a vu que les enfants démotivés ont tendance à invoquer des causes sur lesquelles ils ne peuvent agir pour expliquer leurs infortunes à l'école. L'incompétence du professeur, l'obligation de faire des activités qu'ils trouvent inutiles, des règlements trop sévères sont parmi le répertoire de causes qui illustrent bien que certains enfants s'attribuent peu de contrôle sur ce qui leur arrive dans leur vie scolaire. À les écouter parler, le directeur d'école, les professeurs et leurs parents se liguent contre eux pour les obliger constamment à s'acquitter de tâches qu'ils ne veulent pas faire. Selon eux, ils n'ont aucune liberté, aucune autonomie et encore moins de responsabilités. Pourtant, les professeurs et les parents affirment le contraire. Ils prétendent que l'école n'a jamais été aussi permissive : l'école, pensent-ils, est régie par des règles minimales et elle offre aux jeunes une très grande liberté d'action. Trop de liberté, affirment certains.

L'école est-elle réellement permissive ? L'est-elle trop, ou pas assez ? Quoi qu'il en soit, il faut reconnaître que l'enfant a le sentiment qu'il ne contrôle pas sa vie scolaire. Or, c'est ce sentiment qui influe sur sa motivation. Pour susciter chez l'enfant un sentiment de contrôle accru et augmenter ainsi sa motivation, on doit viser deux objectifs :

▸ l'aider à prendre conscience qu'il peut agir sur certaines dimensions de sa vie scolaire ;

▸ lui faire prendre conscience de ses responsabilités en ce qui a trait à l'organisation de ses études à la maison et lui offrir la possibilité d'en assumer d'autres.

Commençons par examiner comment on peut aider l'enfant à prendre conscience du contrôle qu'il exerce sur sa vie à l'école. Nous verrons dans la deuxième section de ce chapitre comment on peut atteindre le deuxième objectif.

Aider son enfant à prendre conscience du contrôle qu'il exerce à l'école

Comme nous l'avons souligné précédemment, l'école est pour un bon nombre d'enfants un milieu où ils sont enrégimentés, où tout est imposé, dicté et réglementé. Certains vont même jusqu'à dire que l'école est une prison où ils doivent purger leur temps. Certes, de nombreuses activités leur sont imposées, mais il existe plusieurs dimensions de la vie scolaire dont l'enfant a la responsabilité.

Un parent qui désire aider son enfant à se motiver en prenant conscience du contrôle qu'il exerce sur certaines dimensions de sa vie scolaire doit d'abord connaître celles-ci. Le tableau 6.1 présente une série de dimensions relatives à la vie scolaire de l'enfant qui, selon le cas, dépendent en partie de lui-même ou sont placées sous le contrôle de l'enseignant ou de la direction de l'école. On constatera que ces dimensions sont de tous ordres. Ce qui importe, c'est de voir à quel point la vie scolaire est faite d'une multitude de dimensions qui ne se limitent pas aux simples travaux effectués en classe.

Tableau 6.1

DIMENSIONS DE LA VIE SCOLAIRE

1. La détermination du calendrier scolaire et de l'horaire quotidien
2. La détermination des règles de vie dans l'école
3. Les déplacements dans l'école et dans la cour
4. La détermination des règles de discipline en classe (par exemple l'obligation de garder le silence)
5. La mise en place du système de récompenses et de punitions
6. L'organisation de l'environnement de la classe et de l'école (par exemple la création d'îlots de travail)
7. La décoration de la classe et de l'école (par exemple les affiches, la décoration lors d'événements)
8. Le choix des matières au programme
9. La durée des cours
10. Le choix des activités (par exemple le nombre d'exercices à faire)
11. Le choix des membres des équipes de travail
12. Le choix des outils de travail (cahiers de travail, utilisation du traitement de texte, etc.)
13. Le choix des moyens d'évaluation (par exemple les examens)
14. La détermination de la durée des récréations
15. Le choix des activités lors des récréations
16. La participation aux séances de récupération
17. L'organisation des activités parascolaires (musique, organisation d'une exposition, club d'échecs, etc.) et les conditions de participation à ces activités
18. Le choix des lectures à faire à la bibliothèque
19. L'organisation de projets spéciaux et les conditions de participation à ces projets
20. Le choix de l'habillement (jeans, casquette, etc.)
21. Le choix des amis à l'école
22. La place occupée par chacun dans l'autobus scolaire
23. La place occupée par chacun à la cafétéria
24. La détermination des règles de vie de l'école
25. Autres dimensions

Parmi les dimensions qui figurent dans le tableau, un bon nombre sont déterminées par la direction de l'école (par exemple la durée des cours) ou par les enseignants dans leur classe (par exemple les moyens d'évaluation). Toutefois, d'autres dimensions sont dictées par l'élève lui-même (par exemple le choix de l'habillement) ou font l'objet de négociations et d'ententes entre l'enseignant et les élèves (par exemple la décoration de la classe et de l'école). Pour aider son enfant à distinguer les dimensions qui lui sont imposées de celles sur lesquelles il a un certain contrôle, le parent peut l'inviter à faire l'exercice suivant.

Exercice d'évaluation de la contrôlabilité

Le but de l'exercice consiste à amener l'enfant à se faire une idée plus réaliste du degré de contrôle qu'il a sur les différentes dimensions de sa vie scolaire.

Dans un premier temps, on peut lui demander d'ajouter aux dimensions énumérées dans le tableau 6.2 celles qui ont été oubliées. Par la suite, on lui demande, pour chacune des dimensions, de cocher dans la case prévue à cette fin : a) celles qui lui sont imposées ; b) celles pour lesquelles il a son mot à dire ; et c) celles pour lesquelles il prend lui-même la décision.

Remplir une grille comme celle qui est présentée au tableau 6.2 aidera l'enfant autant que le parent à faire la part des choses. Cela évitera par la suite des discussions souvent stériles au cours desquelles chacun essaie de convaincre l'autre. Ces discussions sont souvent empreintes d'émotion et, en peu de temps, des arguments d'autorité de la part du parent («Écoute... je suis né avant toi, alors je sais que j'ai raison !») viennent souvent interrompre les échanges. En fait, on doit viser à ce que l'enfant constate qu'en effet plusieurs dimensions sont la prérogative de la direction et des enseignants, mais qu'il a la responsabilité d'autres dimensions, ce qu'il est porté à oublier.

Tableau 6.2

ÉVALUATION DE LA CONTRÔLABILITÉ

DIMENSIONS DE LA VIE SCOLAIRE	«ÇA M'EST IMPOSÉ»	«J'AI MON MOT À DIRE»	«JE DÉCIDE MOI-MÊME»
1. La détermination du calendrier scolaire et de l'horaire quotidien			
2. La détermination des règles de vie dans l'école			
3. Les déplacements dans l'école et dans la cour			
4. La détermination des règles de discipline en classe (p. ex. l'obligation de garder le silence)			
5. La mise en place du système de récompenses et de punitions			
6. L'organisation de l'environnement de la classe et de l'école (p. ex. la création d'îlots de travail dans la classe)			
7. La décoration de la classe et de l'école (p. ex. les affiches, la décoration lors d'événements)			
8. Le choix des matières au programme			
9. La durée des cours			
10. Le choix des activités (p. ex. le nombre d'exercices à faire)			
11. Le choix des membres des équipes			
12. Le choix des outils de travail (cahiers de travail, utilisation du traitement de texte, etc.)			
13. Le choix des moyens d'évaluation (p. ex. les examens)			

Tableau 6.2 (*suite*)

ÉVALUATION DE LA CONTRÔLABILITÉ

DIMENSIONS DE LA VIE SCOLAIRE	«ÇA M'EST IMPOSÉ»	«J'AI MON MOT À DIRE»	«JE DÉCIDE MOI-MÊME»
14. La détermination de la durée de la récréation			
15. Le choix des activités lors des récréations			
16. La participation aux séances de récupération			
17. L'organisation des activités parascolaires (musique, exposition, club d'échecs, etc.) et les conditions de participation à ces activités			
18. Le choix des lectures à faire à la bibliothèque			
19. L'organisation des projets spéciaux et les conditions de participation à ces activités			
20. Le choix de l'habillement (jeans, casquette, etc.)			
21. Le choix des amis à l'école			
22. La place occupée par chacun dans l'autobus scolaire			
23. La place occupée par chacun à la cafétéria			
24. La détermination des règles de vie de l'école			
25. Autres dimensions			

AIDER SON ENFANT À ASSUMER LA GESTION DE SES ÉTUDES À LA MAISON

Le lieu où le parent peut aider directement son enfant à assumer plus de responsabilité à l'égard de sa vie scolaire est sans contredit la maison. Certains parents ont l'impression qu'ils accordent beaucoup de liberté à leur enfant en ce qui a trait à l'organisation et à la gestion de leurs études à la maison. «Je lui laisse la possibilité de décider du lieu où il va travailler, du moment et de la durée de ses périodes d'étude. Que puis-je faire de plus?», rétorquent-ils. D'autres, cependant, n'accordent aucune liberté à leur enfant : «Il n'a pas assez de maturité», diront-ils.

En effet, on offre souvent aux enfants de faire des choix, mais cette proposition est rarement systématique et cohérente. De plus, peu de parents prennent la peine de bien faire comprendre à leur enfant qu'assumer une responsabilité implique certes la possibilité de choisir, mais également un engagement et une acceptation des conséquences de ses choix. Dans le dictionnaire *Le Petit Robert,* le mot *responsable* veut dire «Qui doit accepter et subir les conséquences de ses actes, en répondre.» Or, les enfants sont souvent attirés par la liberté que leur confère la responsabilité, mais ils ne tiennent pas compte des conséquences des actes qui s'ensuivent. C'est peut-être pour cette raison que certains parents se réservent souvent la possibilité d'intervenir sur le déroulement des études de leur enfant et de le punir si la façon dont cela se passe ne leur convient pas. Mais, dans ce cas, peut-on vraiment dire que l'on donne des responsabilités à son enfant si, à la moindre occasion, on les lui enlève? La tâche n'est pas simple : comment susciter un sentiment de contrôle chez son enfant tout en ayant le sentiment d'assumer ses propres responsabilités.

Pour relever ce défi, nous proposons de planifier de façon plus systématique le partage des responsabilités dans l'organisation des études de l'enfant à la maison. Pour ce faire, nous suggérons de franchir trois étapes : préparer son enfant à avoir le sens des responsabilités ; lui donner la possibilité d'assumer des responsabilités ; et l'aider à assumer des responsabilités.

Première étape : préparer son enfant à avoir le sens des responsabilités

Tout parent sait qu'il ne suffit pas d'inciter son enfant à être responsable de ses actes pour qu'il le devienne. «Avoir le sens des responsabilités», c'est comprendre ce que signifie *être responsable* et c'est démontrer la capacité d'assumer des responsabilités. Examinons plus en détail ces deux conditions.

Savoir ce que signifie être responsable

Une discussion doit avoir lieu entre le parent et l'enfant afin qu'ils s'entendent sur le sens des mots *liberté, droits, responsabilités* et *obligations*. Cette discussion doit donner l'occasion au parent d'expliquer à son enfant que le privilège de faire des choix que possède la personne responsable implique également un engagement de sa part qui se traduit par une acceptation des conséquences de ses actes.

De plus, une telle discussion doit permettre au parent d'attirer l'attention de son enfant sur le fait qu'il peut partager avec lui certaines de ses responsabilités parentales mais pas toutes. En effet, certaines responsabilités lui reviennent de droit, mais également en vertu d'une obligation. Par exemple, il se doit d'obéir à la Loi de l'instruction publique et par conséquent de faire en sorte que l'enfant fréquente l'école.

Si le parent désire que cette discussion engendre les résultats escomptés, il faut qu'elle se déroule dans un climat de confiance et de compréhension mutuelles. Pour ce faire, il faut que l'enfant ait l'occasion :

▸ de réfléchir à la question et d'exprimer ce qu'il entend lorsqu'il réclame le droit à une plus grande liberté d'action et à une plus grande responsabilité ;

▸ d'exprimer ses revendications ;

▸ de sentir que le parent est disposé à lui accorder un plus grand contrôle sur certaines décisions relatives à l'organisation de ses études ;

▸ de constater que ce contrôle lui confère des libertés, mais également des obligations.

Être capable d'assumer des responsabilités

La capacité que l'enfant a d'assumer des responsabilités influe sur la décision du parent de lui en confier. L'âge et la personnalité de l'enfant ainsi que le contexte familial dans lequel il vit sont des éléments qui doivent être considérés lorsque l'on doit juger de la capacité d'un enfant d'assumer des responsabilités. Par exemple, un enfant unique de 12 ans qui, après l'école, doit rentrer à la maison avant ses parents, devra peut-être se faire interdire d'inviter des compagnons pour étudier, alors que cette permission sera plus facile à accorder à celui qui est attendu par des frères ou des sœurs plus âgés.

Un autre élément doit être pris en compte : les stratégies et les outils dont l'enfant dispose pour gérer lui-même ses études. De nombreuses écoles proposent aux enfants une série de stratégies et d'outils pour qu'ils deviennent plus autonomes dans leur apprentissage. Par exemple, il est souvent conseillé aux élèves d'utiliser un agenda pour mieux planifier leur horaire d'études. Les parents doivent encourager leur enfant à utiliser les outils proposés par l'école et l'aider à élaborer ses propres stratégies, de façon à ce que l'enfant puisse apprendre davantage et mieux gérer ses études à la maison.

De nombreux ouvrages traitent des stratégies et des outils d'apprentissage. Les parents désirant en connaître davantage sur ce sujet trouveront à la fin de cet ouvrage des suggestions de lecture qui leur seront utiles autant qu'à leur enfant.

Deuxième étape : donner à son enfant la possibilité d'assumer des responsabilités

Pour que l'enfant ait l'occasion de prendre des responsabilités, il faut d'abord que le parent accepte de lui en confier. Or, comme il a été souligné précédemment, accorder des responsabilités à un enfant implique de la part du parent une réflexion sur ses propres responsabilités et sur le degré de contrôle qu'il désire exercer sur la vie scolaire de son enfant. Sa réflexion doit l'amener à préciser les décisions qu'il est prêt à déléguer à son enfant, celles qu'il considère comme devant faire l'objet d'une négociation avec celui-ci, et celles qui doivent demeurer sa prérogative.

Pour faciliter cette réflexion et ainsi mieux cerner le niveau de responsabilité qui sera proposé à l'enfant, nous suggérons au parent de déterminer parmi les points énumérés dans le tableau 6.3 ceux pour lesquels il est prêt à : 1) *déléguer* complètement la responsabilité à son enfant ; 2) *partager* la responsabilité avec lui en acceptant une décision négociée ; 3) *assumer* seul la décision à prendre.

À ce stade, il n'existe pas de réponses plus pertinentes que d'autres. Pour faire cet exercice et ainsi offrir à l'enfant un choix réfléchi d'activités, un parent devra tenir compte notamment du contexte familial dans lequel l'enfant vit, de sa capacité d'assumer des responsabilités, de son âge, etc. Par exemple, un parent pourra décider lui-même de la durée quotidienne de l'étude, alors qu'un autre parent, compte tenu du fait que son enfant est adolescent, choisira de lui confier cette décision.

Le parent devra par la suite accepter les conséquences de ses choix. S'il décide de déléguer certaines responsabilités à son enfant, il devra accepter sans aucune restriction les choix que ce dernier fera. S'il décide de partager avec lui certaines responsabilités, il devra accepter de négocier d'égal à égal, c'est-à-dire de justifier ses refus et de faire des compromis. S'il décide de garder des responsabilités, il devra pouvoir expliquer les raisons de ses décisions et user d'autorité pour les faire respecter si son enfant n'est pas d'accord.

Tout en ayant avantage à être la plus planifiée possible, cette démarche peut se faire de façon progressive et être modifiée si l'on s'aperçoit que l'on fait fausse route. Toutefois, il est fondamental que l'enfant soit partie prenante de ces changements et que ces derniers

Tableau 6.3

QUI EST RESPONSABLE DE QUOI ?

ACTIVITÉS	RESPONSABILITÉ DÉLÉGUÉE	RESPONSABILITÉ PARTAGÉE	RESPONSABILITÉ PARENTALE
La signatures des travaux et des bulletins			
La visite à l'école			
L'aide aux devoirs et aux leçons			
La détermination des activités parascolaires			
Le choix des camarades de travail			
Les achats de fournitures scolaires			
L'utilisation de l'ordinateur			
L'habillement à l'école			
Le lieu de travail			
La durée quotidienne et hebdomadaire des heures de travail			
Le moment d'effectuer les devoirs et les leçons			
Autres dimensions			

ne se fassent pas de façon unilatérale, c'est-à-dire que la décision ne soit pas prise uniquement par le parent.

Troisième étape : aider son enfant à assumer des responsabilités

L'aide que le parent apporte à son enfant pour améliorer son sentiment de contrôle ne se limite pas à lui donner la possibilité d'intervenir sur des activités qui sont reliées à ses études à la maison. Elle comprend également le soutien et l'encouragement qu'il donne à son enfant pour qu'il puisse assumer sa responsabilité. En matière de soutien, on suggère dans les pages qui suivent une entente qui fait état de l'engagement de l'enfant et du parent. Pour encourager l'enfant, un système de récompenses et de punitions, que nous présenterons plus loin dans ce chapitre, pourrait dans certains cas être utilisé. Commençons par traiter de l'entente devant être établie entre le parent et l'enfant.

Une entente destinée à formaliser l'engagement

L'entente doit rendre compte de l'engagement du parent et de l'enfant à l'égard des responsabilités que ce dernier veut assumer. Cette entente peut être verbale ou écrite. Si elle est écrite, elle peut se présenter sous la forme d'un contrat, comme l'illustre la figure ci-contre. Quoi qu'il en soit, l'entente doit faire référence :

> ▸ *aux choix que l'enfant fait en ce qui a trait aux dimensions de ses études dont il a la responsabilité.*

Par exemple, s'il est convenu que l'enfant gère lui-même ses études quotidiennes, l'entente doit stipuler l'heure à laquelle l'enfant commencera ses devoirs et ses leçons et le temps qu'il leur consacrera chaque soir.

> ▸ *aux choix issus de la négociation entre le parent et l'enfant.*

Par exemple, l'entente stipule qu'il a été décidé d'un commun accord que la télévision est fermée lorsque l'enfant fait ses devoirs et ses leçons.

> ▸ *aux décisions que le parent impose.*

Par exemple, l'entente souligne que l'enfant doit montrer à ses parents la totalité des informations et des documents provenant de l'école et qui leur sont destinés.

COMMENT FORMALISER L'ENGAGEMENT

ENTENTE

Moi, _____ ,

je m'engage à faire les activités suivantes :

_____

_____

_____

je m'engage à les effectuer selon les conditions suivantes :

_____

_____

_____

Si je respecte l'entente, mes parents s'engagent à :

_____

_____

_____

S'ils ne respectent pas leur engagement, cet accord est annulé.

Si je ne respecte pas mon engagement, j'accepte les conséquences suivantes :

_____

_____

_____

Cette entente est valable du _____ au _____

Nous avons signé :

L'enfant ou l'adolescent : _____

Les parents : _____

_____

Date : _____

Figure 6.1

▸ *aux avantages dont pourra profiter le jeune s'il respecte ses enga-gements, et aux conséquences qu'il devra assumer s'il les viole.*

Par exemple, il pourrait être stipulé que si, durant une période de trois mois, l'enfant respecte les choix qu'il a faits, d'autres responsabilités lui seront accordées. Il peut également être souligné que, s'il contrevient par deux fois à ses engagements, des privilèges lui seront enlevés et qu'il devra assumer les con-séquences de ses actes. Nous reviendrons sur l'importance de ces conséquences au point suivant.

Dans certains cas, il pourrait être avantageux d'officialiser l'en-tente, comme nous l'avons vu à la figure précédente, en faisant signer les deux parties : le parent et l'enfant. Lors de mésententes, où les émo-tions prennent souvent le dessus, le contrat peut rendre les discus-sions plus objectives. En effet, il est difficile pour une personne, enfant aussi bien que parent, de renier sa signature.

Toutefois, le caractère formaliste d'une telle entente peut déplaire à certains parents qui désirent établir avec leur enfant une relation plus amicale et moins fondée sur des conventions. Dans ce cas, une entente verbale est plus appropriée, même si ce type d'en-tente peut porter à de longues discussions sur «ce que l'autre a dit, mais qu'il nie avoir dit». Quel que soit le type d'entente privilégié par le parent, il est important qu'il accepte de la revoir si des modifi-cations importantes surviennent dans la vie de l'enfant, telles la maladie, un changement d'école ou de professeur, un changement de saison, des résultats scolaires plus élevés ou plus faibles que prévu, etc. Pour toutes ces raisons, il est essentiel que l'entente fasse l'objet d'une révision périodique. La discussion entourant cette révision permettra au parent de rappeler à son enfant qu'il est important d'assumer des responsabilités dans la vie.

Les récompenses et les punitions

Nous avons vu au chapitre 2 à quel point les chercheurs diver-gent d'opinion sur le bien-fondé des systèmes de récompenses et de punitions dans leur classe. Il en est également ainsi des parents. À la maison, certains d'entre eux ont spontanément recours aux récompenses et aux punitions pour que leur enfant respecte ses engagements. Ils en utilisent également pour manifester leur accord ou leur désaccord avec les notes inscrites sur le bulletin ou pour mieux régir les comportements de leur enfant. D'autres parents ont des réticences à utiliser des récompenses et des punitions. Comme certains pédagogues, ces parents craignent que leur enfant ne travaille et ne s'engage dans ses études dans le seul but d'obtenir une récompense ou d'éviter une punition, et en arrive ainsi à oublier le plaisir d'apprendre et de comprendre.

Si l'on se réfère aux recherches faites à ce sujet, on peut conclure que, pour des enfants déjà motivés, les récompenses et les punitions ne sont pas nécessaires et peuvent même nuire, dans certains cas. En effet, les récompenses et les punitions auront pour effet d'habituer certains enfants à travailler non plus pour apprendre, mais pour obtenir une récompense ou pour éviter une punition. Elles auront pour effet de créer chez d'autres enfants un trop grand désir de réussir, ce qui se traduira par une augmentation inutile de leur niveau de stress. Les récompenses et les punitions sont également susceptibles de décevoir certains enfants, car les règles qui les régissent peuvent souvent prêter à des interprétations différentes de la part des parents et des enfants ; dans d'autres cas, elles ne tiennent pas compte des progrès que les enfants estiment avoir réalisés. On a de plus en plus tendance, dans notre société, à honorer les personnes par la remise de trophées ou de prix, ce qui nous fait oublier que, pour un bon nombre d'enfants, le simple fait de les féliciter verbalement suffit pour les encourager. Cependant, avec des enfants qui ont des comportements inadéquats (par exemple, ils ne se concentrent jamais, travaillent rarement, ne sont pas persévérants ou ne saisissent pas l'importance de leurs études), on ne peut pas se contenter de remarques verbales, qu'il s'agisse de félicitations ou de rappels à l'ordre. Dans ces cas, l'utilisation de récompenses et de punitions doit avoir pour but d'amener les enfants à éprouver un sentiment de contrôle et de réussite. Lorsque le changement sera bien en marche, il sera souhaitable qu'ils se désintéressent des récompenses et n'aient plus besoin de la menace d'une punition pour assumer leurs responsabilités.

Le choix des récompenses et des punitions peut faire partie de l'entente verbale ou écrite établie entre le parent et l'enfant. Si c'est le cas, il serait intéressant d'accorder des privilèges plutôt que des récompenses et de remplacer les punitions par des conséquences auxquelles l'enfant devra faire face. Ainsi, en discutant avec son enfant, un parent pourrait s'entendre sur un certain nombre de privilèges qu'il pourrait lui accorder : faire certaines sorties, recevoir des amis pour la nuit, louer une cassette vidéo, écouter une émission spéciale à la télévision ou un film tard le soir, aller voir un spectacle rock, écouter de la musique toute la nuit, etc. La nature des privilèges dépend de l'âge, du sexe et des intérêts des enfants. Quant aux conséquences, elles peuvent se traduire par le retrait de privilèges. En effet, le fait de perdre des privilèges a souvent plus d'effet pour un jeune qu'une punition telle l'obligation de demeurer dans sa chambre.

Nous ne saurions trop insister sur le danger de punir un enfant en l'obligeant à étudier plus longtemps que prévu ou en lui imposant des tâches scolaires supplémentaires, comme celle de lire. En fait, il est capital qu'il n'en vienne pas à associer les études à une punition.

Enfin, la note du bulletin ne doit pas être le seul critère sur lequel on se fonde pour octroyer un privilège. La note d'un bulletin dépend de divers facteurs sur lesquels l'enfant n'a pas toujours de pouvoir. Par exemple, un changement d'enseignant provoque parfois une période d'adaptation qui peut se traduire chez certains élèves par une baisse de rendement. Cette période d'ajustement est normale, et il ne serait pas juste qu'un enfant soit puni pour des changements qui ne sont pas de son ressort. Dans un tel cas, retirer des privilèges à l'enfant ou le punir occasionnerait chez lui un sentiment de perte de contrôle.

Conclusion

Pour que les parents interviennent en toute connaissance de cause sur la motivation de leur enfant, nous avons, dans la première partie de cet ouvrage, répondu aux questions suivantes : Pourquoi la motivation joue-t-elle un rôle si important dans l'apprentissage et en quoi consiste-t-elle au juste ? Pourquoi certains enfants sont-ils motivés, alors que d'autres ne le sont pas ? Qu'est-ce qui influe sur leur motivation ? Comment déterminer si son enfant est motivé à l'école ?

Nous espérons que les réponses qui ont été apportées auront permis aux parents de comprendre que les problèmes motivationnels des enfants ne peuvent se résoudre par la simple application d'une ou deux recettes miracles. Chaque enfant a sa propre personnalité et les contextes familial et scolaire dans lesquels il évolue lui sont particuliers. Dès lors, les stratégies que l'on met en place pour l'aider à se motiver à l'école doivent être adaptées à ses caractéristiques individuelles et à son milieu de vie.

C'est en ayant bien en tête ce principe que nous avons formulé dans la deuxième partie de l'ouvrage une série de suggestions portant sur ce que l'on peut faire et sur ce que l'on doit éviter pour influencer de façon positive les perceptions des enfants qui, nous le savons maintenant, sont les principales sources de leur motivation.

Si certains parents ont senti un ton réprobateur dans certains propos, nous nous en excusons. Loin de nous l'idée de culpabiliser les parents ou les enseignants pour la démotivation qui touche de nombreux jeunes, en cette fin de millénaire. Nous savons à quel point il est difficile aujourd'hui d'éduquer des enfants et ce, que ce soit à l'école ou à la maison. Beaucoup de responsabilités à assumer, mais de moins en moins de pouvoir pour le faire, voilà ce qui semble caractériser le rôle des enseignants à l'école, mais aussi celui des parents à la maison. Cela ne doit pas pour autant nous enlever notre volonté d'agir.

Vouloir agir, ce n'est pas seulement projeter de le faire ; c'est se lancer dans l'action et y consacrer le temps et l'énergie nécessaires. D'ailleurs, n'est-ce pas ce que nous attendons de nos enfants dans leurs études ?

Dans l'introduction, nous avons souligné que les actions des parents n'auront du succès que si ces derniers acceptent de réexaminer leurs jugements sur l'école, les enseignants et les matières scolaires. Si ces jugements sont négatifs, il y a de forts risques qu'ils suscitent chez l'enfant plus de démotivation que de motivation. De plus, il a été conseillé aux parents d'être patients. Leurs efforts ne produiront probablement pas de changements immédiats chez leur enfant. Les résultats seront palpables à moyen et à long terme.

Cette dernière recommandation nous amène, en terminant, à rappeler à quel point il est fondamental que le parent maintienne sa propre motivation. Vouloir trop grand, vouloir trop vite ne peut qu'apporter désillusions. Envisager des étapes, être patient, croire en son enfant et en ce que l'on fait, collaborer avec les enseignants, voilà ce qui nous semble de bonnes stratégies susceptibles d'aider les parents à maintenir leur propre motivation.

Lectures suggérées

Cette rubrique a pour but de suggérer des documents aux lecteurs qui désirent en savoir davantage sur la motivation et sur les sujets connexes qui ont été abordés dans cet ouvrage.

Les lectures qui y sont recommandées leur permettront soit de poursuivre leur réflexion sur le plan théorique, soit d'enrichir leur «boîte à idées» d'interventions.

Les documents choisis répondent à trois critères. Sur le plan du contenu, chaque ouvrage traite de différents aspects de la motivation qui ont été abordés dans ce livre. Le deuxième critère est celui de l'accessibilité. Les documents qui nous ont semblé difficiles à trouver ou trop chers ont été mis de côté. Enfin, le dernier critère concerne la présentation. Les ouvrages retenus, par leur mise en page et leur illustration, sont agréables à lire.

▸ *Être parent d'élève du primaire: une tâche éducative irremplaçable.* Avis du Conseil supérieur de l'éducation au ministre de l'Éducation, Québec, 1994.

Ce document traite notamment des structures familiales en mutation, des relations entre les parents et les enfants, de la relation entre la famille et l'école, de la compétence du parent et de ses responsabilités. De plus, il brosse un tableau très juste des situations familiales actuelles et met en évidence les enjeux futurs en ce qui concerne les parents et leurs interventions vis-à-vis de l'école. On y retrouvera de nombreux commentaires pertinents ainsi que diverses recommandations fort judicieuses.

Ce document est édité par la Direction des communications du Conseil supérieur de l'éducation.
2050, boulevard René-Lévesque Ouest
4ᵉ étage, Sainte-Foy
Québec (Québec) G1V 2K8
Téléphone : (418) 643-3851
              (514) 873-5056

> ▸ *Vie pédagogique*. Revue québécoise de développement pédagogique au préscolaire, au primaire et au secondaire, Québec, ministère de l'Éducation.

Cette revue contient des articles, des dossiers, des exposés de recherche, des commentaires sur des ouvrages, etc. Des articles sur la motivation des élèves y sont publiés régulièrement. Depuis de nombreuses années à la fine pointe de ce qui se fait dans les écoles québécoises, cette revue s'adresse tant aux personnes qui investissent leurs énergies dans le domaine de l'éducation qu'à celles qui souhaitent tout simplement se tenir au fait des principales questions qui le touchent.

L'abonnement est gratuit. On doit s'adresser à :
Distribution de *Vie pédagogique*
Direction des ressources matérielles
Ministère de l'Éducation
275, avenue Saint-Sacrement
Québec (Québec)
G1N 3Y1

▸ *Family & Education Magazine*

Cette revue mensuelle de langue anglaise qui est publiée en Ontario s'adresse directement aux parents. Différents thèmes reliés à l'école, par exemple l'ordinateur comme outil d'apprentissage, la violence à l'école, l'alimentation des enfants, le bénévolat et, bien sûr, la motivation sont abordés.

Des témoignages, des suggestions et des informations sont présentés dans le but d'aider les parents à assumer leurs responsabilités dans l'apprentissage de leur enfant. Cette revue est très agréable à lire, car elle est publiée en format magazine. On y trouve des photos, des illustrations et même des annonces publicitaires liées à tout ce qui touche la vie scolaire de l'enfant.

L'abonnement annuel est de 17 $ et la revue paraît quatre fois l'an. Pour de plus amples renseignements, on peut communiquer avec l'éditeur aux numéros suivants :
Téléphone : (905) 940-6218
Télécopie : (905) 940-2925

▸ *Parents en perte d'autorité,* de Robert Bélanger, Éditions Robert Bélanger, Québec, 1987.

Après avoir écrit *Parents d'adolescents*, *La jalousie entre frères et sœurs*, et *Vinaigre ou miel : comment éduquer son enfant*, l'auteur publie un autre guide qui répond à plusieurs questions que se posent les parents en difficulté. Il traite notamment des causes du manque d'autorité des parents, des moyens d'y remédier et du comportement à adopter avec un adolescent. Ses réponses, présentées sous forme de diagnostics ou de recommandations, sont illustrées par des exemples intéressants. On y traite de l'école et des travaux scolaires.

▸ *Les devoirs à la maison,* de Philippe Meirieu, Paris, Syros Alternative, L'école des parents, 1992.

La première partie du volume présente une boîte à idées pour faciliter la collaboration parents-élèves lors de l'étude à la maison. Il est question notamment du dialogue entre le parent et l'enfant, des actions à poser lorsque ce dernier ne veut pas travailler et des moyens de régler ce problème. La seconde partie présente des idées pour aider les enfants à effectuer différents types de travail à la maison.

Même s'il s'agit d'un livre publié en France, plusieurs dialogues entre parent et enfants s'avèrent typiques et revêtent un caractère universel. L'auteur mène les parents dans de nouveaux sentiers en ce qui concerne le travail à la maison. Un certain nombre d'idées méritent d'être mises à l'essai.

▸ *Devoirs sans larmes*, de Lee Canter et Lee Hausner, Montréal, Éditions de la Chenelière, 1995.

«Devoirs sans larmes» est une série de guides qui s'adressent à toutes les personnes qui croient en la nécessité des devoirs et des leçons.

Un premier livre a été publié à l'intention des enseignants de la 1re année à la 3e année, et un autre s'adressait aux enseignants de la 4e année à la 6e année.

▸ *Conseils pratiques pour réussir au secondaire*, de Claude Rivard, Sainte-Foy, Éditions Septembre, 1995.

Ce livre est très accessible et rapide à lire. Il s'adresse aux parents et aux jeunes. Il contient des conseils et des témoignages pertinents. Même si certains thèmes sont de moindre importance, les parents comme les jeunes peuvent y puiser de bonnes idées.

▸ *Devenir efficace dans ses études*, de Christian Bégin, Laval, Éditions Beauchemin, 1992.

En plus d'expliquer les mécanismes de la mémoire, de l'attention et de la compréhension, l'auteur propose à l'étudiant des stratégies pour l'aider à gérer son temps, à prendre des notes, à étudier efficacement et à passer des examens. Bien que cet ouvrage soit destiné plus particulièrement aux étudiants de collèges et aux adultes, il renferme des conseils qui peuvent être utiles aux élèves du secondaire.

▸ *La motivation en contexte scolaire*, de Rolland Viau, Saint-Laurent, Éditions du Renouveau Pédagogique, 1994.

Rédigé par un des auteurs du présent ouvrage, ce livre fait un tour complet des principaux thèmes qui touchent la motivation en contexte scolaire. Il débute par une réflexion théorique et par la description d'un modèle de motivation. Par la suite, on y retrouve des aspects pratiques rédigés à l'intention des enseignants. Même s'il s'adresse avant tout à ces derniers, il est à la portée de toute personne désireuse d'approfondir le thème de la motivation en milieu scolaire.

▸ *La motivation à apprendre : plus qu'une simple question d'intérêt !*, de Lyne Martin, Montréal, Service de la formation générale, Commission des écoles catholiques de Montréal, 1994.

Ce livre s'adresse aux enseignants et à tous ceux qui interviennent dans le milieu scolaire (psychologues, orthopédagogues, etc.). De lecture plus ardue que les autres ouvrages suggérés, ce document de 400 pages constitue une bonne référence pour une personne qui souhaite connaître en profondeur la question de la motivation à l'école.

À la suite d'une première partie théorique portant sur la motivation, l'auteure expose une série impressionnante de croyances au sujet de la motivation. Il est notamment question des valeurs accordées aux matières scolaires et des capacités de l'élève.

L'auteure termine en présentant à l'enseignant les facteurs de la motivation dont il doit tenir compte dans le choix de ses activités.

▸ *Besoins, défis et aspirations des adolescents,* de Germain Duclos, Danielle Laporte et Jacques Ross, Saint-Lambert, Éditions Héritage, 1995.

Ces auteurs ont publié une série d'ouvrages sur les besoins des tout-petits, sur ceux des enfants de 6 à 12 ans et sur l'estime de soi des adolescents. Ces documents sont bien construits, faciles à lire et au fait des recherches récentes sur la question. Ils représentent de très bons guides destinés à aider les parents à assumer efficacement leurs responsabilités parentales. La motivation en milieu scolaire est traitée dans la plupart de ces ouvrages.

L'ouvrage *Besoins, défis et aspirations des adolescents* abonde de commentaires, de réflexions, de questionnaires et d'exercices visant à répondre à des questions. Adultes et adolescents y trouveront de nombreux éléments utiles.